여인들의 눈으로 본 예수

(주)죠이북스는 그리스도를 대신한 사신으로
문서를 통한 지상 명령 성취와 하나님 나라 확장을 위해 노력합니다.

여인들의 눈으로 본 예수

주님을 사랑한 첫 여성 제자들 이야기

레베카 맥클러플린

김은홍 옮김

죠이북스

***

페이지마다 통찰과 영감이 가득한 이 책에서 레베카 맥클러플린은 부드러움, 위엄, 연민, 도전의 진정한 면모를 온전히 갖추신 예수를 보여 줍니다. 성도라면 꼭 읽어야 할 훌륭한 책입니다.

_샘 올베리 목사이자 작가

***

예수께서는 여성을 위험 부담이나 기댈 언덕, 짐으로 여기지 않으시고, 그들에게 가까이 오라며 초대하십니다. 개성과 참신함이 학문성과 공감 능력과 조화를 이루는 레베카 맥클러플린은 예수의 사역 전반에 엮여 있는 여인들의 이야기를 한 줄로 꿰고 있는 굿 뉴스(good news)를 찾아보라며 우리를 초대합니다. 그 메시지는 분명하게, 주저함 없이 이렇게 말합니다. "여자들이 나에게 오는 것을 용납하십시오." 이 메시지에는 하나님의 가족 안에서 형제로, 자매로 살기를 추구하는 남녀 모두를 위한 가르침과 격려가 들어 있습니다.

_젠 윌킨 작가이자 성경 교사

✳✳✳

마음을 울리고 영혼에 감동을 주는 이 책에서 레베카 맥클러플린은 초기 기독교가 여성을 무시하고 평가 절하하기는커녕 오히려 공동선을 추구하는 반문화였다고 밝힙니다. 이러한 초기 기독교는 사실상 그들의 됨됨이가 바르게 알려지고, 또 사람들에게 깊은 사랑을 받은 여성들에 의해 촉진되었습니다. 복음서에 나오는 여성들의 눈과 삶을 통해 우리는 예수의 단호한 진리와 찬란한 아름다움을 더욱 분명하게 온전히 볼 수 있습니다.

_줄리어스 킴 복음 연합(The Gospel Coalition) 대표

곧 예수님을 뵙게 될 날을 기다리는

그레이스에게

차
례

서론 / 8

1장 · 예언 / 26

2장 · 제자 / 59

3장 · 양식 / 91

4장 · 치유 / 121

5장 · 용서 / 148

6장 · 생명 / 173

결론 · 마리아들의 복음서 / 202

감사의 말 / 210

＊ 본문에 인용된 성경 구절은 새번역에서 인용하였습니다.

서론

1896년 이집트 카이로 골동품 시장에서 사본 거래상이 고대 파피루스 한 점을 팔았다. 이걸 사들인 사람은 카를 라인하르트(Carl Reinhardt)라는 독일 학자였다. 상인은 어떤 농부가 담벼락 틈새에서 이 책을 발견했다고 라인하르트에게 말했다. 그렇지만 낭만이 묻어나는 이 이야기는 사실이 아닐 가능성이 높다. 이 파피루스의 연대를 측정하면 5세기까지 거슬러 올라가는데, 1,500년간 한데에 있었다고 하기에는 보존 상태가 매우 좋았다. 라인하르트는 이 사본에 대한 조사에 들어갔고, 결국 이 파피루스에 그때까지 알려지지 않았던 고대 문서 넉 점이 담겨 있다는 사실을 밝혀냈다. "마리아의 복음"(Gospel of Mary)으로 알려지게 되는 책의 사본 일부도 그렇게 찾아낸 문서 가운데 하나다.

"마리아의 복음"의 다른 부분 두 점도 나중에 발견되었는데, 전문가들은 "마리아의 복음"이 2세기에 처음 기록되었다고 확신한다. 이렇게 발견된 "마리아의 복음" 사본들에서 핵심이 될 만한 텍스트는 모두 소실되었지만, 남아 있는 부분에는 예수께서 부활하신 후에 제자들과 만난 내용이 담겨 있다. 마리아라는 제자가 예수께 특별한 계시의 말씀을 받는다. 그런데 마리아가 예수께 받은 계시를 베드로에게 말하자 베드로는 거짓말을 한다며 마리아를 꾸짖는다. 베드로는 예수께서 그러한 계시를 여자에게 주실 리가 없다고 생각한 것이다. 마리아는 그런 비난을 듣고는 눈물을 흘린다.

이 일을 겪은 "마리아의 복음"의 그 마리아는 지난 2,000년 내내 그리스도 안에서 형제가 된 이들에게 무시당하고 멸시받은 수많은 여성을 반영한다. 실제로 기독교가 그 핵심을 이루는 부분에서 여성을 혐오한다고, 곧 여성에게 침묵을 강요하며 그들을 뒷전으로 밀쳐 내고 짓밟는다고 단정하는 이들이 있다. 학창 시절부터, 내가 다닌 여자고등학교에서, 그리고 그 뒤에는 케임브리지에서 내가 대화를 나눈 많은 사람(여성들과 남성들)이 여성의 권리는 기독교(폭을 좁힌다면, 성경을 진리의 근본으로 고수하는 기독교)와 상충한다고 생각하고 있었다. 나는 매사추세츠주 케임브리지에서 살고 있는데, 이곳에 있는 내 동료들 가운데도 기독교를 그와 같은 인상과 시선으로 바라보는 이들이 있다. 그들은 이렇게 생각한다. '여성의 권리를 한껏 펼치려면, 고치를 뚫고 나와야 나비가 되듯이, 여성도 기독교의 외피를 뚫고 나와야 한다.'

일부 학자들은 "마리아의 복음"과 그 밖의 다른 이른바 "영지주의 복음서들"(Gnostic Gospels)이 여성이라는 쟁점과 관련해서라면 기독교에 구명 뗏목이 되어 주는 역할을 한다며 그 가치를 부여한다. 일부는 초기 교회 지도자들이 "마리아의 복음" 같은 문서들이 보존하고 있는, 여성을 더 중심에 두는 기독교 버전(version)을 억누른 게 사실이라는 주장을 펼친다. 그러나 내가 이 책에서 주장하고 싶은 건 그게 아니다. 바로 이것이다. **1세기의 마태, 마가, 누가, 요한의 복음서는 여성의 목소리를 내리누르고 여성의 삶을 낮잡아 보기는커녕, 2,000년 전에 이 땅에서 직접 예수를 마주한 여성들의 증언을 우리에게 들려준다. 그리고 그 여성들의 눈으로 보는 예수는 더 아름다운 이, 역사에 더 부합하신 이, 그리고 "마리아의 복음"이 부여하는 여성에 대한 평가보다 훨씬 여성을 귀하게 여기시는 이다.**

○ 예수께서 여성들에게 끼치신 영향

네 권의 복음서는 예수께서 여성을 받아들이신 여러 이야기를 들려준다. 가난한 여자들. 부유한 여자들. 병든 여자들. 슬퍼하는 여자들. 나이 든 여자들. 젊은 여자들. 유대 여자들. 이방 여자들. 죄인으로 낙인찍힌 여자들. 칭송받는 여자들. 처녀들과 과부들. 창부들과 여성 선지자들. 이 여성들의 눈을 통해 우리는 각양각색의 여성을, 그 가운데서도 특별히 다른 사람들에게 손가락질받는 여성들을 귀하게 맞아들이신 이를 본다. 실로 예수께서 여성을 대하신 방식은 '여자는 날 때부터 남자보다 열등하다'는, 고대 세계에 깊이 배어 있던 통념을 깨부수는 것이었다. 따라서 그때부터 줄곧 여성들이 예수께 모여들었다는 사실은 전혀 놀랄 일이 아니다.

처음 몇 세기 동안 기독교는 여성과 노예에게 매력 넘치는 종교였다. 로마 제국 총독 소 플리니우스(Pliny the Younger)는 2세기 초에 황제 트라야누스(Trajan)에게 보낸 서신에서 그리스도인들을 어떻게 다루면 좋을지 조언해 달라고 요청했다. 플리니우스는 자기가 관할하는 지역에 전염병처럼 퍼진 이상한 신흥 종파의 정체를 더 알아보려고 그들이 "집사(deaconess)라고 부르는 여자 노예 둘"을 고문했다. 이 두 노예는 그 교(敎)의 면모를 그대로 드러내는 표본이었다. 그리스-로마 문화에서 주변부로 밀려나 있던 여성들과 노예들이 그 종파에서는 (이 두 노예가 집사로 인정받았듯이) 매우 중요한 지도자의 위치에 설 수 있었다. 2세기 후반의 그리스 철학자 켈수스(Celsus)는 그리스도인들이 "오로지 어리석고 비천하고 멍청한 사람들, 곧 노예, 여자, 어린아이만을 원하고 또 꾀어낼 수 있다"며 빈정거렸다. 켈수스의 이 발언은 과장 섞인 묘사이기는 하지만 진실에 근거하고 있었다.[1] 교회가 어떻게 구성되어 있었는지를 보여 주는, 우리에게 있는 가장 이른 시기의 증거부터 오늘날 최상의 자료까지 두루 살펴보면, 예수께서는 남자들보다 여자들에게 언제나 더 매력 있는 이였음을 알 수

---

[1]   Michael J. Kruger, *Christianity at the Crossroads: How the Second Century Shaped the Future of the Church* (Downers Grove, IL: IVP Academic, 2018), 34-35.

서론

있다.

(주후 303년부터 313년까지 지속된) 대박해(Great Persecution) 시기에 공격 대상이 되었던 어느 북아프리카 지역 교회를 조사한 기록을 보면, 그 교회에서 압수한 물품 목록에서 여성 의류가 차지하는 비중이 남성 의류보다 훨씬 크다. 남자 신발 열세 켤레-여자 신발 마흔일곱 켤레, 남자 튜닉 열여섯 벌-여자 튜닉 여든두 벌, 그리고 여성용 머리 장식 서른여덟 점이다.[2] 이 의류 품목은 가난한 사람들에게 나눠 주려던 것이었을 가능성이 높다. 그런데 심지어 부유한 그리스도인들 가운데서도 여성이 남성보다 많았다. 로마 제국 황제 콘스탄티누스(Constantine)가 개종하기 이전 시기에 작성된 원로원 명부에서 그리스도인 마흔 명의 이름을 확인할 수 있다. 그 가운데 3분의 2가 여성이다.[3] 왜 여성들은 이렇듯 기독교에 끌렸을까?

「기독교는 어떻게 역사의 승자가 되었나」(*The Triumph of Christianity: How a Forbidden Religion Swept the World*, 갈라파고스 역간)에서 신약학자이자 회의론자인 저자 바트 어만(Bart Ehrman)은 로마 제국은 다양성이 지극히 높으면서도, 그 역내 거주민들은 몇 가지 기본 전제를 공유하고 있었다고 설명한다. 그는 이 책에서 이렇게 말한다. "그 시대에 공통된 사회, 정치, 개인 윤리를 한 단어로 요약할 수 있다면, 그것

---

2   Helen Rhee, *Loving the Poor, Saving the Rich: Wealth, Poverty, and Early Christian Formation* (Grand Rapids, MI: Baker Academic, 2012), 154.

3   Peter Lampe, *From Paul to Valentinus: Christians at Rome in the First Two Centuries* (Minneapolis: Fortress Press, 2003), 119.

은 '지배'(dominance)일 것이다." 이어지는 바트 어만의 말이다.

> 지배 문화 안에서 권력을 가진 사람들은 당연히 그들의 의지를
> 약한 사람들에게 관철한다. 통치자는 신민을 지배하고, 귀족은
> 평민을, 주인은 노예를, 남자는 여자를 지배한다.[4]

그런데 이러한 통념을 기독교가 뒤집어 버렸다. 어만은 이 사실
을 이렇게 기술한다.

> 기독교 교회의 지도자들은 사랑과 봉사의 윤리를 설파하고 촉구
> 했다. 어떤 사람도 다른 사람보다 중요하지 않다. 모두가 하나님
> 앞에서 같은 위치에 있다. 주인이 노예보다, 귀족이 평민보다, 남
> 편이 아내보다, 권력자가 약자보다, 건강한 사람이 병든 사람보
> 다 결코 더 중요하지 않다.[5]

이러한 윤리의 전복이, 곧 예수의 말과 행동에 기초를 두고 있는
이러한 전복이 고대 세계에서 기독교를 여성들에게 특별히 매력 넘
치는 종교로 만들었으며, 여성은 남성과 근본부터 평등하다는, 오늘

---

4 Bart Ehrman, *The Triumph of Christianity: How a Forbidden Religion Swept the World* (New
York: Simon & Schuster, 2018), 5. 「기독교는 어떻게 역사의 승자가 되었나」, 갈라파고스
역간.

5 Ehrman, *Triumph of Christianity*, 5-6. 「기독교는 어떻게 역사의 승자가 되었나」.

13   서론

날 우리가 지닌 신념의 기초를 형성했다. 여성의 권리를 부정하기는 커녕, 기독교는 여성의 권리를 주장한 최초의 토대, 최고의 토대다.

2,000년을 지나오면서 기독교는 미미한 소수의 신앙에서 세계에서 가장 널리 퍼져 나간, 인종도 문화도 다양한 신앙 체계로 바뀌었다. 그리고 예수께서 여성들에게 끼친 그 자석 같은 영향은 줄어들지 않았다. 2015년에 나온 한 보고서에 따르면, 전 세계 성인 여성의 33.7퍼센트가 본인을 그리스도인이라고 밝혔다. 이와 견주어, 자신을 그리스도인이라고 밝힌 성인 남성은 29.9퍼센트였다. 그리고 이러한 격차는 더 커질 가능성이 높다. 중국 교회는 세계에서 가장 빠르게 성장하는 기독교 운동 가운데 하나다. 지금 추세라면 5년 안에 미국보다 중국에 그리스도인이 더 많을 것이다. 이에 더하여, 주일마다 예배에 참석하고[6] 날마다 기도할[7] 가능성 역시 세계 어느 곳에서든 남성보다 여성이 훨씬 높다. 그리고 여성은 남성보다 개인 성경 읽기를 (이것이 상당한 노력이 필요한 일임에도) 더 열심히 한다는 결과도 나왔다.[8] 몇 년 전에 중국인 친구가 내게 해준 이야기다. 이 친구

---

[6]   53개 국가를 분석한 보고서를 보면, 본인을 그리스도인이라고 밝힌 여성의 53퍼센트가 적어도 일주일에 한 번은 교회에 출석한다고 말했다. 이에 비해 남성은 46퍼센트가 그렇게 한다고 말했다. 이에 관해서는 다음 보고 자료를 참고하라. "The Gender Gap in Religion Around the World," Pew Research Center, March 22, 2016, https://www. pewforum. org/2016/03/22/women-more-likely-than-men-to-affiliate-with-a-religion/.

[7]   54개 국가를 분석한 자료에서는 그리스도인 여성의 61퍼센트가 매일 기도한다고 밝혔다. 남성은 51퍼센트가 매일 기도한다고 밝혀 대조를 이룬다. 이에 관해서는 다음 보고 자료를 참고하라. "The Gender Gap in Religion Around the World," https://www.pewforum. org/2016/03/22/women-report-praying-daily-at-higher-rates-than-men/.

[8]   미국 성경 협회(American Bible Society)의 의뢰를 받아 시행한 '2020 성경 현황'(The 2020 State of the Bible) 조사 결과, "여성은 남성보다 더 깊이 성경을 따른다." 이 조사 보고서

의 할머니는 문맹인데, 신자가 된 뒤로 거주하는 아파트 단지에서 지나가는 사람들을 불러 세우고는 자기 성경을 보여 주면서 몇 구절만 읽어 달라고 부탁한다는 것이다. 그런데 여성에게 이러한 기독교의 수용이 좋은 일이기만 할까? 아니면, 예수는 마치 자기에게 해를 끼치는데도 떠날 수 없는 정말 나쁜 남자친구 같은 존재는 아닐까?

활발한 종교 생활(서구 권역 대부분에서 교회 정기 출석이 여기에 포함된다)은 여성에게 해롭기는커녕 활발할수록 더 행복해지고 정신 건강에도 더 좋다는 조사 결과가 나왔다. 예를 들어, 하버드대학 보건대학원(Harvard School of Public Health)에서 2016년에 시행한 대규모 조사 연구에 따르면, 일주일에 한 번 이상 종교 활동에 참여하는 미국 여성은 종교 활동에 전혀 참여하지 않는 사람보다 자살할 가능성이 5배 낮았다.[9] 마찬가지로, 2020년에 발표된 한 연구에 따르면, 매주 종교 활동에 참여하는 미국 여성은 전혀 하지 않는 사람보다 자살, 약물 중독, 알코올 의존증으로 사망할 가능성이 68퍼센트 낮았다. 한편, 매주 종교 활동에 참여하는 남성은 그 사망 가능성이 33퍼센트 낮았다.[10] 놀랍게도 미국에서 활발하게 종교 생활을 하는 성인의

에 따르면, 미국 여성의 절반 이상(52퍼센트)이 "성경에 친숙하거나", "성경을 따르거나", "성경에 중심을 둔다." 이와 견주어 미국 남성은 47퍼센트만 그렇다.

9   Tyler J. VanderWeele et al., "Association Between Religious Service Attendance and Lower Suicide Rates Among US Women," *JAMA Psychiatry* 73, no. 8 (2016), https://jamanetwork.com/journals/jamapsychiatry/article-abstract/2529152.

10   Ying Chen et al., "Religious Service Attendance and Deaths Related to Drugs, Alcohol, and Suicide Among US Health Care Professionals," *JAMA Psychiatry* 77, no. 7 (2020), https://jamanetwork.com/journals/jamapsychiatry/article-abstract/2765488?mc_cid=469f806293&mc_eid=796e84b78.

3분의 1 이상(36퍼센트)이 "매우 행복하다"고 답했다. 반면에 종교 활동에 적극적이지 않은 사람들(예를 들어, 본인을 그리스도인이라고 밝혔지만 교회는 가지 않는다고 말한 사람들)과 어떤 종교에도 속하지 않은 미국인 가운데서는 4분의 1(25퍼센트)만이 "매우 행복하다"고 답했다.[11]

더 나아가, 성관계를 결혼 생활에 한정하는 성경의 가르침은 건강에 해로운(행복에 이르는 통로로 여겨지는 성적 자유를 여성에게 [그리고 남성에게] 허용하지 않는) 구속복이라는 평을 자주 들었는데, 데이터는 그 반대를 가리킨다. 특히 여성의 경우에 복수의 성관계 파트너를 두는 것이 정신 건강 및 행복 저하와 상관관계가 있음을 보여 주는 증거가 늘어나고 있다.[12] 반대로, 종교 생활에 충실한 남성과 결혼한 종교 생활에 충실한 여성은 불행에 갇혀 있기는커녕 미국에서 가장 행복한 아내다.[13] 함께 기도하고, 집에서 성경을 읽고, 교회에 참석하

---

11 "Religion's Relationship to Happiness, Civic Engagement and Health Around the World," Pew Research Center, January 31, 2019, https://www.pewforum.org/2019/01/31/religions-relationship-to-happiness-civic-engagement-and-health-around-the-world/.

12 예를 들어 다음 두 자료를 참고하라. 첫째, Tyree Oredein and Cristine Delnevo, "The Relationship between Multiple Sexual Partners and Mental Health in Adolescent Females," *Journal of Community Medicine & Health Education* 3, no. 7 (December 2013). 이 논문에 따르면, "우울감, 자살 상상, 자살 계획, 자살 시도는 모든 인종/민족 그룹에서 성관계 파트너의 수와 비례해서 증가했다." 둘째, Sandhya Ramrakha et al., "The Relationship between Multiple Sex Partners and Anxiety, Depression, and Substance Dependence Disorders: A Cohort Study," *Archives of Sexual Behavior* 42, no. 5 (February, 2013), https://www.ncbi.nlm.nih.gov/pmc/articles/PMC3752789. 이 자료에 따르면, "성관계 파트너의 수와 이후 약물 장애(substance disorder) 사이에 강한 상관관계가 특히 여성에게서 나타난다."

13 W. Bradford Wilcox, Jason S. Carroll, and Laurie DeRose, "Religious Men Can Be Devoted Dads, Too," *New York Times*, May 18, 2019, https://www.nytimes.com/2019/05/18/opinion/sunday/happy-marriages.html.

는 등등을 하는 커플은 자신들의 성생활에 만족한다고 대답할 가능성이 같은 연령대, 종교가 없는 커플의 두 배나 된다.[14] 기독교가 강조하는 결혼 생활은 여성에게서 성의 자유를 앗아간다고들 생각하지만, 데이터는 오히려 그러한 결혼 생활이 무책임한 성관계라는 탈선에서 여성을 (그리고 남성을) 보호해 준다는 사실을 보여 준다.

그렇다면 기독교가 미혼 여성과 자녀 넷을 둔 행복한 어머니만을 위한 종교일까? 아니다. 복음서에서 예수를 만날 때, 우리는 성적으로 스스로 의롭다고 여기는 남성들과 맞서면서, 문란한 여자로 낙인찍힌 이들을 환대하는 한 남자를 마주하게 될 것이다. 성 추문에 휘말린 채 태어난 남자, 문란한 죄인이라는 오명을 뒤집어쓴 여인을 사랑하여 동료 유대인 남자들을 더욱 추문에 빠뜨린 한 남자를 우리는 만나게 된다. 성관계를 맺은 적이 한 번도 없는 남자, 하지만 여성들을 매우 사랑했기에 그 여성들이 모든 것을 버려두고 따른 한 남자를 만나게 된다. 종교 권력을 휘두르던 당대의 남자들에게는 등을 돌리고, 죄인이라 멸시받던 여인과 가장 긴 시간 대화한 기록을 세운 한 남자를 우리는 만나게 된다. 이 책 전체에서 우리는 이러한 여성들의 눈으로 예수를 바라볼 것이다. 그런데 신약 성경의 네 가지 전기가 들려주는 예수에 관한 이야기만이 올바르다고 우리는 어떻게 확신할 수 있을까? "마리아의 복음" 같은 문서들이 우리에게 제

---

14 Matthew Saxey and Hal Boyd, "Do 'Church Ladies' Really Have Better Sex Lives?," Institute for Family Studies, November 16, 2020, https://ifstudies.org/blog/do-church-ladies-really-have-better-sex-lives.

시하는 관점은 진실이 아니라고 어떻게 확신할 수 있을까?

○ 우리는 복음서를 신뢰할 수 있는가

영국 신약학자 리처드 보컴(Richard Bauckham)은 학계에 큰 반향을 일으킨 자신의 저서 「예수와 그 목격자들」(*Jesus and the Eyewitnesses*, 새물결플러스 역간)에서 마태, 마가, 누가, 요한의 문서는 여러 세대에 걸친 구두 전승의 산물이 아니라(20세기의 많은 학자가 이렇게 가정했다), 예수를 직접 만나 그분을 알게 된 사람들의 목격 증언을 보존하고 있다고 설득력 있게 주장한다. 나의 이 책은 「복음서의 여성들」(*Gospel Women*)을 비롯하여 보컴의 탁월한 저서들을 폭넓게 활용할 것이며, 특히 여성들의 증언이 복음서 기자들이 들려주는 이야기의 핵심을 이루고 있음을 논증할 것이다.[15]

보통 마가복음이 가장 먼저 기록된 복음서로 받아들여지는데, 이 복음서는 그 책에 기록된 사건들이 일어나고 35-45년 후에 쓰였을 것이다. 보컴은 이러한 기록 시기는 "목격자들 가운데 다수가 살아 있는 동안"일 가능성이 높다고 말하며, 이에 비해 마태, 누가, 요한

---

15 Richard Bauckham, *Jesus and the Eyewitnesses: The Gospels as Eyewitness Testimony* (Grand Rapids, MI: Wm. B. Eerdmans, 2006). 「예수와 그 목격자들: 목격자들의 증언인 복음서」, 새물결플러스 역간; Bauckham, *Gospel Women: Studies of the Named Women in the Gospels* (Grand Rapids, MI: Wm. B. Eerdmans, 2002). *Jesus and the Eyewitnesses*의 2판이 2017년에 출간되었지만, 나는 초판에서 인용할 것이다.

의 복음서는 "생존하는 목격자들이 희소해지던 시기에, 정확히는 그들의 증언이 기록되어 있지 않다면 그들과 함께 사라지고 있던 시점에 기록되었다"고 주장한다.[16] 보컴은 복음서들에서 인명이 어떻게 사용되는지, 그리고 같은 시기에 나온 다른 문서들에서 목격자들이 어떻게 인용되는지, 이 둘을 비교한다. 이를 통해 보컴은 복음서 기자들이 자신들이 들려주는 이야기들의 출처를 독자들에게 알려 주고 있다는 설득력 있는 주장을 펼친다. 그런데 그 목격자들은 오래 전에 일어난 그 사건들을 정말 기억할 수 있었을까?

나는 35-45년 전에 일어난 일들을 기억하지 못한다. 그때는 내가 매우 어렸기 때문이다. 60년 전에 일어난 일은 더 말할 필요도 없다. 요한복음 기자가 예수와 함께 지낸 시기와 그가 이 복음서를 기록한 시기 사이에 딱 이만큼의 시간 격차가 있었을 것이다. 당신이 50세 아래 세대라면, 이건 거의 불가능에 가까운 시간 격차일 것이다. 우리는 지난주에 겪은 일도 거의 다 잊어버린다. 그런데 60대인 내 부모님과 80대인 내 조부모님은 10대 시절에, 그리고 20대 시절에 일어난 가장 중요한 일들과 대화들을, 특히 그들이 자녀와 손주, 증손주 들에게 들려주던 일들을 쉽사리 떠올린다. 이런 예가 있다. 내 할아버지는 어머니가 어릴 때 한사코 혼자 걸어서 학교에 가겠다고 한 날을 기억하신다. 할아버지는 그렇게 하라고 허락하고는 멀찍이 떨어져서 어머니를 따라갔다. 어머니는 어린 여동생을 괴롭히던 남자

---

16 Bauckham, *Jesus and the Eyewitnesses*, 7. 「예수와 그 목격자들」.

아이와 한판 붙으려고 그랬던 것이다! 거의 60년 전에 일어난 일인데 다가 인생을 바꿀 만한 일도 아니었지만, 그 사건은 할아버지의 기억 속에 고스란히 자리 잡고 있었고, 수십 년이 지나서도 그때 일을 즐 겁게 이야기하신다. 예수의 제자들은 예수께서 하시는 행동을 세심 하게 보았고, 또 예수께서 가르치시는 것을 열심히 배웠다. 이것은 예수께서 뽑으신 열두 사도뿐만 아니라 예수와 함께 여행한 다른 수 십 명(그 가운데는 여성도 많았다)에게 본업과도 같은 일이었다. 예수께서 죽으시고 부활하신 후에 그들은 방방곡곡을 다니면서 자신들이 듣 고 본 것을 전파했다. 복음서 기자들이 예수의 생애를 담은 이야기 를 기록하기 시작했을 때, 그들에게는 풍부한 증언 자료가 있었다. 그리고 그 가운데는 예수의 여성 제자들의 증언도 적지 않았다.

"마리아의 복음"처럼 '복음'이라는 이름이 붙은 다른 문서들은 어 떤가? 신약의 네 복음서 모두 예수의 삶을 목격한 증인들이 살아 있 던 시기에 기록되었지만, "마리아의 복음"은 2세기 초엽에서 중엽 사이에, 말하자면 그 목격자들이 모두 죽고 난 뒤에 기록된 것이라 고 다들 받아들인다.[17] "마리아의 복음"도 이른바 다른 영지주의 복 음서들처럼 그 뿌리는 구약 성경이 아니다. "마리아의 복음"은 히브 리 성서보다는 그리스 철학에 훨씬 많이 준거하고 있으며, (물질은 악 하며, 물질적인 것에서 벗어나야 구원에 이를 수 있다는) 다른 세계관을 상정한 다. 이러한 세계관은 하나님이 원래 창조하신 세상의 선함을 믿는

---

17   Karen L. King, *The Gospel of Mary of Magdala: Jesus and the First Woman Apostle* (Santa Rosa, CA: Polebridge Press, 2003), 3.

유대-기독교 신앙과는, 그리고 예수를 믿는 모든 사람에게 육체로 실현되는 부활 생명에 대한 기독교의 약속과는 근본부터 다르다. 우리의 성경 안에 있는 복음서들과 달리, "마리아의 복음"은 우리에게 예수께서 이 땅에서 사신 삶에 관한 이야기를 들려주지 않는다. "마리아의 복음"은 예수께서 부활하신 후에 나누었다고 믿는 대화들에만 오로지 집중한다. 만에 하나 우리가 "마리아의 복음"이라는 문서만 보유하고 있고, 우리의 성경 안에 들어 있는 복음서들을 가지고 있지 않다면, 우리는 나사렛 예수의 삶과 죽음과 부활에 관한 그 어떤 내용도 알지 못할 것이며, 기록으로 남은 예수의 가르침(세상을 바꾸신 가르침) 가운데 극히 일부만 가지고 있을 것이다.

우리는 "마리아의 복음"이 베드로에 대한 나쁜 인상을 심어 놓기 때문에 억압받았다고 생각할 수도 있다. 베드로는 어쨌든 초기 교회의 핵심 지도자였다. 그러나 예수의 남성 제자들이 저지른 실수를 죄다 지워 버리지 않고, 우리의 성경 안에 있는 복음서들은 (베드로의 증언에 기초한 것으로 여겨지는 마가복음도 포함하여) 그 사도들을 (그리고 특히 베드로를) 적나라하게 묘사할 때가 많다. 예를 들자면, 복음서 네 권 모두 예수께서 잡히신 날 밤에 베드로가 예수를 알지도 못한다고 세 번씩이나 부인한 사건을 기록하고 있다.

이와 대조를 이루어, 복음서 기자들은 예수의 제자들 가운데 있던 여성들에 대해서는 그들의 신실함에 주목하며, 복음서 기자들 각자 자신이 기술하는 이야기들에서 핵심을 이루는 부분에서 그 여성들의 증언에 의지한다. 사실상, 우리가 우리의 성경 안에 있는 복음서들에서 여성들이 목격하지 **않은** 장면을 샅샅이 찾아내 모두 제거한다고 하더라도, 우리가 잃게 되는 것은 극히 일부일 것이다. 그런데 **오로지** 여성들만 목격한 장면들을 잘라내 버린다면, 우리는 예수께서 육신을 지닌 사람으로 오셨을 때를 알려 주는 첫 목격담을, 그리고 그분의 부활하신 몸을 본 첫 장면을 잃어버리고 말 것이다. 네 복음서는 여성들이 직접 목격한 증언을 보존하고 있다. 이 책에서 내가 던지는 중심 질문은 이것이다. "그 여성들의 눈을 통해 본 예수께서는 어떤 이셨는가?"

○ 이 책에서 만나는 여성들

세 살 된 내 아들 루크는 자랑할 만한 일을 해내면 내게 이렇게 묻는다. "엄마, 나 봤어요?" 어색하면서도 심오한 말이다. 이 아이의 엄마이면서도, 나는 정말 이 아이에 대해서 앞으로도 얼핏 볼 뿐이다. 아버지, 누나, 선생님, 그리고 친구 들, 이 모두가 다른 시각에서 이 아이를 본다. 3차원 이미지를 만들 때 쓰는 스냅 사진들처럼 우리는 이 아이가 누구인지 더 잘 알려고 그런 시각 자료들을 모을 수 있을 것이다. 그래도 여전히 우리는 이 아이를 그저 얼핏 볼 뿐일 터이다. 예수에 관해서라면, 더더욱 그렇다. 우리가 예수를 확실하게 붙잡을 가망성은 없다. 그러나 복음서들에 따르면, 그분은 우리를 붙잡으러 오셨다. 우리의 권리를 박탈하러 오신 게 아니라, 우리를 가두러 오신 게 아니라, 그분과 함께 우리가 마땅히 있어야 할 처소에 우리를 돌려놓으려고 오셨다.

이 땅에서 삶을 시작한 첫 순간부터 예수께서는 여성들의 시선을 받으셨다. 이 책에서 우리는 그 여성들의 이야기를 살펴보고, 그 여성들의 눈으로 본 예수께서는 어떤 이셨는지를 볼 것이다.

1장은 예언이라는 렌즈를 통해, 자세히 말하자면 예수의 어머니 마리아, 마리아의 사촌 언니 엘리사벳, 그리고 성전에 간 아기 예수를 보면서 예언한 안나라는 이름의 여자 선지자에 초점을 맞추어 예수를 볼 것이다. 예수께서 누구신지, 또 그분이 무슨 일을 하실 것인지에 관한 예언의 말들을 이 여인들이 어떻게 하나님에게서 받게 되었는지 알아볼 것이다.

2장에서 우리는 예수의 제자 무리 가운데 다수가 여성이었다는 사실을 볼 것이다. 그 여성들 가운데 일부는 예수와 함께 여행했고, 또 일부는 자기네가 거주하는 곳에 그대로 머물러 있었다. 우리는 예수와 동행한 제자들 가운데 이름이 기록으로 남아 있는 여성들에게서 무엇을 배울 수 있는지를 알게 될 것이다. 그다음에 우리는 예수와 가장 가까웠던 여성 친구 둘, 곧 베다니의 마리아와 마르다에게 초점을 맞출 것이다.

3장의 주제는 양식(nourishment)이다. 우리는 요한복음에서 예수의 첫 번째 이적, 곧 예수께서 어머니의 요청을 받아 항아리에 든 물을 가장 좋은 포도주로 만든 그 이적을 목격할 것이다. 예수께서 얼굴을 맞대고 가장 오래 나눈 것으로 기록된 대화, 곧 우물가에서 사마리아 여인과 나눈 대화, 그 여인에게 생명의 물을 주신 그 대화에 귀를 기울일 것이다. 또 예수의 열두 제자 중 둘의 어머니인 한 여인이 저지른 큰 잘못과 그 여인이 받은 구원, 이 모두를 볼 것이며, 예수와 시로페니키아(수로보니게) 여인이 나눈 놀라운 대화를 볼 것이다. 이 여인은 예수께서 진정한 양식의 근원이심을 인정했다.

4장에서는 예수께서 여성들을 치유하신 이야기를 따라갈 것이다. 열병에 걸린 시몬 베드로의 장모부터 열두 해 동안이나 피를 흘린 여인, 예수께서 살리신 열두 살짜리 여자아이, 예수께서 안식일에 장애를 고쳐 주신 여인까지, 우리는 이 여성들이 저마다 예수께서 어떤 이이신지 밝히 빛을 비추고 있다는 사실을 알게 될 것이다.

5장은 용서에 초점을 맞출 것이다. 우리는 예수께서 어떻게 죄인이라는 오명을 뒤집어쓴 채 살아온 여인을 환대하고 그 여인을 사랑의 본보기로 삼으셨는지, 그리고 어떻게 예수께서 간음하다가 붙잡힌 여인을 보호하시고, 그 여인을 들어 종교 지도자들의 죄를 드러내시는지 볼 것이다.

마지막으로 6장에서 우리는 복음서 기자들이 예수의 부활에 관하여 여성들이 목격한 증언에 얼마나 크게 의존하는지 볼 것이다. 부활하신 하나님의 아들은 여성들의 눈을 통해 맨 처음 목격되었으며, 그 부활의 소식을 처음으로 전한 것도 여성들의 몫이었다.

복음서는 예수를 유일하게 참되고 살아 계신 하나님, 우주를 창조하신 하나님, 사람이 대면했다가는 살 수 없다고 성경이 말하는 그 하나님으로 나타내고 있다. 예수를 슬쩍이라도 본다는 것은 곧 생명을 위험에 빠뜨리는 것이다. 그러나 예수께서는 당신을 보는 것이 곧 생명을 찾는 것이라고 말씀하신다. 얼굴을 떨구고 울고 있던 여인들은 예수를 보았지만, 남자들은 예수와 마주하면서도 누굴 보고 있는지 전혀 몰랐다. 예수께서 어떤 이이신지 보려고 2세기 "마리아의 복음"을 찾을 필요는 전혀 없다. 우리에게는 처음부터 여성들의 목격 증언을 전한 1세기의 마태, 마가, 누가, 요한의 복음서만 있으면 충분하다.

예언

예수에 관한 좋은 소식을 가장 처음 들은 사람은 어느 시골 마을의 가난한 10대 소녀였다. 이 소녀는 '예수'라는 이름을 처음으로 들었고, 그가 하나님의 아들이라는 걸 처음으로 알았고, 자기 아들이 하나님의 영존하시는, 죽음을 이기시는 왕이 되리라는 걸 처음으로 알았다. 이 소녀의 이름은 그 시대에 가장 흔한 그런 이름이었다. 이 소녀가 살던 시대와 지역에서는 유대인 여성 다섯에 한 명꼴로 '마리아'라는 이름을 갖고 있었다.[1] 이 소녀는 그저 또 한 명의 마리아

---

1 기록이 남아 있는 자료들을 보면, 그 일대 유대인 여성의 20퍼센트 이상이 마리아라는 이름을 가지고 있었다. 다음 자료를 보라. Richard Bauckham, *The Testimony of the Beloved Disciple: Narrative History and the Theology of John's Gospel* (Grand Rapids, MI: Baker Academic, 2007), 175.

였다. 그런데 그때 이 소녀에게 천사가 찾아왔다. 작고 외진 시골 마을 소녀의 세계에 하나님이 걸어 들어오셨다.

이 장에서 우리는 예수의 어머니, 마리아를 살펴볼 것이다. 그리고 예수를 알아볼 수 있는 예언의 은사를 하나님이 부어 주신 다른 두 여인(엘리사벳과 안나)을 살펴볼 것이다. 우리는 예수의 나심이 어떻게 역사를 거슬러 올라가고 또 영원으로 뻗어 나가는지를 볼 것이다. 그리고 우리는 예수께서 이 땅에 계실 때 그분의 삶 가운데서(그 시작부터 쓰디쓴 마지막까지, 그리고 그 너머까지) 여성들이 맡은 역할을 들여다볼 것이며, 그 역할에서 강렬한 첫인상을 받게 될 것이다.

○ 예언과 수태

임신했다는 걸 내게 알려 준 테스트기를 나는 몇 년을 간직했다. 분홍색 두 줄이 아홉 달만 지나면 아기가 태어날 거라고 내게 알려 주었다. 달라 보이는 건 하나도 없었다. 달라졌다는 느낌도 없었다. 그렇지만 그 작은 플라스틱 막대는 예사롭지 않은 진실을 선포했다. "나는 엄마다!" 미란다는 이제 열한 살이고 시도 때도 없이 온갖 질문을 쏟아 낸다. 지난주에는 내게 미래를 볼 수 있으면 좋을 것 같으냐고 물었다. "전혀!" 난 이렇게 대답했다. 내가 미래를 안다면, 그 앎의 무게가 뱀처럼 나를 칭칭 감아 옥죌 것만 같다. 그런데 미란다가 태어나기 전에는, 이 아이가 내 자궁 속에서 자라고 있다는 걸 알

1장 · 예언

고 싶어 하지 않았던가? 그렇다. 정말 알고 싶어 했다.

구약 성경에서 예언은 임신 테스트기와 어느 정도 비슷한 기능을 한다. 그 예언은 현재와 미래에 관한 진실을 말한다. 둘 사이가 전혀 어울리지 않아 보여도 말이다. 희망을 품은 부모가 손에 쥐고 있는 임신 테스트기처럼, 구약의 예언은 큰 기쁨의 좋은 소식을 가져다줄 수도 있고, 무너져 내리는 상실의 소식을 전할 수도 있다. 그리고 하나님의 백성은 이 둘을 다 경험했다. 예수께서 태어나시기 수 세기 전에 예언자들은 회개하지 않으면 하나님의 심판이 임할 것이라 경고했다. 하나님의 백성은 듣지 않았다. 그렇게, 북 왕국 이스라엘은 아시리아의 침략을 받아 멸망했다. 그리고 예언자들의 더 많은 경고가 이어진 후에 결국 남 왕국 유다도 바빌로니아에 정복당하고 말았다. 그 와중에도 예언자들은 하나님이 언젠가 반드시 영존하시는 왕을, 이스라엘의 가장 위대한 왕 다윗보다도 훨씬 위대한 왕을 보내서서 그 백성을 구원하실 것이라고 약속했다. 예를 들어, 바빌로니아에서 유배 생활을 하고 있을 때 다니엘은 "인자 같은 이가 하늘 구름을 타고 오는" 환상을 보았다. 하나님이 그에게 "권세와 영광과 나라를 주셔서, 민족과 언어가 다른 뭇 백성이 그를 경배하게 하셨다. 그 권세는 영원한 권세여서, 옮겨 가지 않을 것이며, 그 나라가 멸망하지 않을 것이다"(단 7:13, 14). 그러나 몇 해를 두고 아이를 원하고 있지만 임신이 되지 않는 부부처럼, 하나님의 백성이 기다리고 기다렸지만 그 왕은 도무지 태어나지 않았다.

페르시아가 바빌로니아를 지배하게 되면서 상황이 나아지기 시작했다. 유대인들은 자기네 땅으로 돌아가 성전을 재건했다. 그러나 그들은 여전히 이방 이교도의 지배를 받으면서 살았다. 페르시아에 이어 그리스가 유대를 지배했고, 하나님의 백성은 그리스 문화와 종교를 그 땅에 확산시키는 데 앞장서는 그리스 왕조의 잇단 지배를 받으며 살았다. 결국 유대인들은 신앙생활을 금지당했고, 예루살렘 성전은 이교 신전으로 개조되었다. 하나님의 백성에게는 최악의 상황이었다. 그렇게 유린당하던 유대인들은 반란을 일으켰고, 마침내다시 자치권을 획득했다. 주전 164년, 예루살렘 성전이 정화되었고, 다시 매일 하나님에게 제사를 올릴 수 있게 되었다(오늘날에도 유대인들은 이날을 축하하는 하누카 축제를 지키고 있다). 새로운 출발처럼 보였다. 수 세기 만에 처음으로 하나님의 백성이 더는 이교의 지배 아래 살지 않게 되었다. 그렇게 한 가문이 100년을 다스렸다. 하나님의 약속이 마침내 실현되는 듯했다! 그러나 영존하시는 왕은 여전히 오지않았고, 다음 세대에 접어들면서 격렬한 내분이 일어났다.

놀랍게도 그 왕조의 왕좌를 차지하는 데 성공한 마지막 군주는 여성, 살로메 알렉산드라(Salome Alexandra) 여왕이었다. 살로메의 남편인 알렉산드로스 얀나이우스(Alexander Jannaeus) 왕이 임종 직전에 왕위를 아내 살로메에게 물려주었고, 살로메는 주전 75년부터 67년까지 유대를 다스렸다. 살로메 알렉산드라의 치세는 번영을 구가한 시대, 종교 의식이 갱신된 시대였다. 그러나 살로메 사후에 여러 아들 가운데 하나가 형에게서 왕좌를 탈취했다. 당연히 내전으로 이어졌고, 로마 장군 폼페이우스(Pompey)가 이 내전에 개입하여 예루살렘을 점령하고 성전을 더럽혔다. 주전 63년, 예루살렘은 또 그렇게 함락되었다. 하나님의 백성은 다시금 이방 이교도의 통치 아래 짓밟혔다.

그나마 최악의 상황은 모면했다. 유대인들에게 자유롭게 예배드리는 것이 허용되었고, 주전 37년, 로마는 공인된 유대 왕으로 헤롯을 임명했다. 헤롯 대왕(Herod the Great)은 예루살렘 성전을 대보수하는 역사를 벌였다. 그러나 헤롯은 유대인 혈통이 아니었으며, 로마의 권위에 복종하는 꼭두각시 왕에 지나지 않았다. 제국의 권력에 저항하려는 어떤 시도도 담배꽁초처럼 짓밟혔다. 지칠 대로 지친 이런 세상에 마리아라는 이름의 한 유대인 소녀가 태어났다.

마리아의 배경이 어떠한지, 우리가 아는 건 별로 없다. 아는 거라고는 가난한 축에 속했다는 것, 요셉이라는 남자와 약혼했다는 것, 그리고 갈릴리 지방 외진 시골 마을, 나사렛에 살았다는 것 정도다. 이걸로는 인상 깊을 게 하나도 없다. 그러나 나사렛의 마리아는 하나님이 보내신 천사에게 하나님의 오랜 언약이 마침내 실현된다는 예언을 들은 바로 그 여인이었다.

천사 가브리엘이 마리아에게 말을 꺼냈다. "기뻐하여라, 은혜를 입은 자야, 주님께서 그대와 함께하신다"(눅 1:28). 마리아는 자기가 전혀 특별한 사람이 아니라는 걸 알고 있었지만, 이 천사는 마리아에게 이처럼 정반대로 말했다. 마리아는 이 말을 듣고 "몹시 놀랐다"(눅 1:29). 천사 가브리엘이 계속해서 말한다.

두려워하지 말아라. 마리아야, 그대는 하나님의 은혜를 입었다. 보아라, 그대가 잉태하여 아들을 낳을 터이니, 그의 이름을 예수라고 하여라. 그는 위대하게 되고, 더없이 높으신 분의 아들이라고 불릴 것이다. 주 하나님께서 그에게 그의 조상 다윗의 왕위를 주실 것이다. 그는 영원히 야곱의 집을 다스리고, 그의 나라는 무궁할 것이다(눅 1:30-33).

이보다 앞서 예언자 이사야는 다윗의 왕좌에 영원히 앉으실 한 왕이 나실 것이라고 예언했다(사 9:6, 7). 예언자 미가도 베들레헴 마을에 이스라엘을 다스릴 자가 나서서, 땅끝까지 평화를 가져다줄 것이라고 예언했다(미 5:2-5). 시골 마을 소녀에게 천사 가브리엘이 전한 소식은 칠흑같이 캄캄한 어둠 속에서 활활 타오르는 햇불 같았고, 고통에 울부짖는 유대인의 신음 한가운데서 울려 퍼지는 노랫소리 같았다. 이 소식은 한 치의 의심도 없이 승리를 약속하는 무장 소집 명령이었다. 오랜 세월 기다려 온 하나님의 왕이 오고 계셨다. 그의 이름은 예수, "주께서 구원하신다"라는 뜻을 가진 예수라 할 것이며, 그는 마리아의 아들로 나실 것이다.

○ 하나님의 아들

가브리엘이 전하는 말에 틀림없이 큰 충격을 받았을 마리아는 자기

현실을 그대로 담은 질문을 던졌다. "나는 남자를 알지 못하는데, 어떻게 이런 일이 있겠습니까?" 마리아는 자기 약혼자 요셉이 그 아이의 아버지일 거라고 짐작했을 것이다. 그러나 가브리엘은 폭탄을 또하나 떨어뜨린다.

> 성령이 그대에게 임하시고, 더없이 높으신 분의 능력이 그대를 감싸 줄 것이다. 그러므로 태어날 아기는 거룩한 분이요, 하나님의 아들이라고 불릴 것이다(눅 1:35).

예사 임신도 기적처럼 느껴진다. 임신 테스트기에 나타난 그 두 줄을 바라보면서 내게 일어난 일이 도무지 믿기지 않던 그날의 기억이 새롭다. 온전히 새로운 한 생명이 내 몸 안에서 떨고 있다니! 태중의 미란다가 처음 발길질했을 때, 이 생명이 또 하나의 인간이라는 사실에 나는 집중하고 집중했다. 정말이지 믿기지 않는 일이었다. 그러나 마리아의 경험은 또 다른 무엇이었다. 그 천사는 하나님의 거룩한 영(창세전에 공허 위를 운행하신 하나님의 영, 위대한 왕들과 선지자들에게 임하신 그 영)이 이 여인을 감쌀 것이며, 그러면 다른 아기도 아닌 바로 하나님의 아들이 이 여인의 자궁 속에서 자라고 기지개를 켜며 발길질을 할 것이라고 말했다.

예수는 하나님의 아들이시라는 이 당연한 고지가 우리에게는 매우 익숙해서 우리는 천사 가브리엘이 마리아에게 전한 이 메시지가 얼마나 유별났을지를 제대로 이해하지 못한다. 그리스와 로마의 신화에는 신들이 인간 여성을 임신시키는 이야기가 드물지 않았다. 그러나 구약의 하나님은 이런 이교의 신들과는 전혀 다르셨다. 그분은 완전히 초월하여 계신 하나님, 사람이 볼 수 없는 하나님, 만에 하나 인간이 보더라도 죽게 되는 하나님, 모세가 그 이름을 여쭈었을 때 "나는 곧 나다"(출 3:14)라고 말씀하신 하나님이다. 당연히 하나님의 예언자들은 하나님이 약속하신, 영존하시는 왕을 인간을 초월한 어떤 이로 많이 묘사했다. 그런데 그 왕이 문자 그대로 하나님의 아들이라 예언했으니, 이는 1세기 유대인들에게 큰 충격을 안겨 주는 발언이었을 것이다. 마리아는 혼외 임신을 했다는 죄목으로 추방당하거나, 심하면 돌에 맞아 죽을 수도 있었다. "두려워하지 말아라. 그 아이의 아버지는 '나는 곧 나다' 하신 하나님이다"라는 말은 마리아의 죄목에 신성 모독을 추가할 뿐일 터였다. 그러나 마리아는 곧바로 순종하는 믿음으로 대답했다. "보십시오, 나는 주님의 여종입니다. 당신의 말씀대로 나에게 이루어지기를 바랍니다"(눅 1:38).

○ 예수를 맞아들이다

이 시점에서 우리가 마리아의 눈을 통해 보는 예수께서는 어떤 이이신가? 우리는 하나님의 영존하시는 아들, 약속의 왕, 사람이 되신 "나는 나"이신 예수를 본다. 마리아의 눈을 통해 우리는 또한 예수를 영접하는 축복, 곧 삶을 완전히 뒤바꾸는 축복을 보며, 자신이 주님의 종에 지나지 않는다는 것을 아는 사람들만이 그분을 영접할 수 있음을 본다. 물론 우리는 마리아의 처지가 될 수 없다. 여러분이나 나는 하나님의 독생자의 어머니로 부름받지 않았다. 마리아는 모든 모태를 지으신 이를 자기 태중에 품었다. 마리아는 이 땅에 생명을 낳으신 이에게 젖을 먹였다. 마리아는 별들을 만드신 이를 기르셨다. 그러나 예수를 그의 어머니의 눈을 통해 바라볼 때, 우리는 하나님이 어떻게 평범한 사람들을 이 세상에서 당신의 일꾼으로 택하시는지를 본다. 여러분과 내가 예수를 받아들일 때, 비록 자주 그렇게 느끼지 않더라도, 단조로운 우리 삶은 기적이 생생하게 일어나는 중심이 된다.

지난 성탄절에 딸 엘리자가 내가 차는 시계처럼 걸음수를 추적할 수 있는 손목시계를 사 달라고 했다. 12월이 되자 엘리자는 그 시계를 사야 한다고 틈나는 대로 내게 알려 주었다. 나는 그 시계를 이미 사 두었지만, 성탄절에 엘리자에게 깜짝 선물을 할 요량으로 그 말을 하지 않고 있었다. 바라던 대로 엘리자는 그 선물을 풀면서 감격했다. 엘리자가 그토록 사 달라고 한 바로 그 시계라니! 그러나 엘리자가 연 상자는 비어 있었다. 몇 달 전에 사둔 시계를 넣지 않은 채, 내가 그만 실수로 빈 상자만 포장한 것이다. 엘리자는 내가 장난친 걸로 알았다. 아마 오늘 당신도 이런 감정을 느끼고 있을지 모르겠다. 당신은 하나님이 당신을 사랑하신다는 걸 믿고 하나님이 하신 약속을 신뢰하려 애쓰고 있지만, 바로 지금 당신 앞에 놓인 삶은 내용물이 빠진 선물 상자를 열었을 때처럼 느껴질 것이다. 아마도 당신은 하나님이 계시는지, 아니면 하나님이 당신을 조금이라도 돌보기나 하시는지 의심하고 있을지도 모른다. 그러나 수 세기 전에 하나님이 하신 약속이 자신에게 실현되고 있다는 것이 마리아에게 도저히 상상할 수 없는 일이었듯이, 우리가 예수께 희망을 걸고 있다면, 당신이나 내가 오늘 아무리 공허함을 느끼더라도 상상조차 할 수 없을 생명과 사랑이 우리 삶에 가득 차 있다는 것이 진정한 진실이다.

예수께서 잉태되신 그 순간부터 마리아의 삶은 역설이었다. 이 여인은 모든 것이 그로 말미암아 창조된 이의 어머니가 되었다(요 1:3). 그리고 우리가 지금 예수를 신뢰하면, 우리 삶도 마찬가지로 역설이 된다. 여기 이 땅의 우리는 우리의 몸과 우리의 이 땅을 창조하신 이의 몸이다. 우리는 그분의 손과 발이며, 팔과 입이다.

우리는 마리아의 눈을 통해 또한 예수를 받아들일 때 치러야 하는 대가도 본다. 출산 자체가 몹시 큰 대가를 치르는 일이다. 갓난아기에게 밤낮으로 젖을 물린다는 것은 곧 희생의 사랑을 계속한다는 것이다. 첫 아이를 만난 기쁨 가운데서도 나는 미란다가 태어나고 나서 며칠, 몇 주 내내 울고 또 울었다. 모든 게 힘겨웠다. 잠을 잘 수가 없었다. 아기를 바라보고 있자면 지독한 걱정이 밀려왔다. 아기가 잠들면 영영 깨어나지 않을까 두려웠다. 그러면서도 한편으로는 아기가 잠들기를 바랐다. 아기의 삶을 얻고 내 삶은 잃어버렸다는 생각이 들었다. 나는 아기를 사랑했고, 아기는 나를 망가뜨렸다. 2,000년 전에 마리아는 훨씬 더한 위험에 노출되어 있었다. 출산

중에 산모인 자신이 죽을 수도 있는 위험에다가 그 아들이 유아기에 사망할 수도 있는 위험까지 말이다. 그러나 예수를 잉태함으로 마리아는 다른 아기를 가졌을 때 겪었을 위험보다 훨씬 큰 위험을 겪었다. 마리아가 가브리엘에게 "보십시오, 나는 주님의 여종입니다. 당신의 말씀대로 나에게 이루어지기를 바랍니다"(눅 1:38)라고 대답했을 때, 이 여인은 평판, 결혼 생활, 공동체, 심지어 삶에 닥칠 위험을 고스란히 떠안은 것이다.

누가와 마태의 기록에 따르면, 마리아는 하나님의 아들을 임신했다는 사실을 약혼자에게 말하지 않았던 것 같다. 요셉은 그 사실을 나중에 천사에게 들었다(마 1:18-21). 그러나 마리아는 가브리엘이 떠나가자마자 자기를 이해해 줄 만한 사람을 만나러 서둘러 길을 나섰다. 마리아보다 나이가 많은 친척, 엘리사벳이었다. 엘리사벳은 남쪽으로 130-160킬로미터쯤 떨어진 곳에 살고 있었다.

○ 엘리사벳

엘리사벳과 그의 남편 사가랴는 우리가 누가복음에서 처음으로 만나는 사람들이다. 사가랴는 제사장이었고, 엘리사벳은 "아론의 딸들"의 자손, 곧 제사장 가문 출신이었다. 누가는 우리에게 이런 이야기를 들려준다. "그 두 사람은 다 하나님 앞에서 의로운 사람이어서, 주님의 모든 계명과 규율을 흠잡을 데 없이 잘 지켰다. 그런데 그들에게는 자녀가 없었다. 엘리사벳이 임신하지 못하는 여자이고, 두 사람은 다 나이가 많았기 때문이다"(눅 1:5-7). 만성 불임은 크나큰 고통을 안겨 줄 수 있다. 만성 불임을 겪고 있는 내 친구들은 여러 감정이 올라온다고 내게 말한다. 특히 아이를 가질 희망이 점점 사라져 가는데, 주변에서 아이를 둔 사람들을 볼 때면 정말 힘들다고 한다. 아이가 없다는 사실이 엘리사벳과 사가랴에게는 훨씬 비참하게 다가왔을 것이다. 당시는 어머니가 될 나이에 있는 여성에게 불임이란 수치에 수치를 더하는 문화였기 때문이다. 그러나 가브리엘은 나사렛에 사는 그 10대 소녀에게 나타나기 여섯 달 앞서 성전에서 수종 들고 있던 사가랴에게 나타나 엘리사벳이 요한이라는 이름의 아들을 가질 것이라고, 그 아이는 "어머니 배 속에 있을 때부터 성령을 충만하게 받을 것"이라고 말했다(눅 1:13-15). 가브리엘이 마리아를 찾아왔을 때, 엘리사벳은 임신 7개월째였다. 가브리엘이 마리아에게 마지막으로 한 말은 다음과 같다. "보아라, 그대의 친척 엘리사벳도 늙어서 임신하였다. 임신하지 못하는 여자라 불리던 그가 임신한 지 벌써 여섯 달이 되었다. 하나님께는 불가능한 일이 없다"(눅 1:36, 37).

누가복음의 첫 이야기는 가브리엘이 사가랴를 만나는 장면이다. 이 이야기는 하나님이 당신의 오랜 약속을 사가랴와 엘리사벳의 아들을 통하여 이루려 하신다는 생각으로 우리를 이끈다. 결국, 유대인의 이야기는 아브라함과 그의 아내 사라, 늙고 자식이 없는 이 두 사람에게 하신 하나님의 약속과 함께 시작되었다(창 12:2, 3). 그러나 아브라함의 처지가 될 이는 사가랴가 아니라, 약속의 아들을 낳을

1장 · 예언

마리아였다. 아브라함의 아들 이삭이 태어났을 때, 하나님 백성 전체의 미래는 유아기 형태를 갖추었다. 예수께서는 하나님과 하나님의 백성과 하나님의 약속이 하나로 모이는 택함받은 이시다. 그러나 사가랴와 엘리사벳의 아기, 훗날 세례 요한으로 알려지는 그도 핵심 역할을 했다. 예수께서는 요한을 구약의 위대한 선지자 엘리야로, 약속의 메시아가 오실 길을 예비하라고 보냄받은 이라고 부르셨다 (마 11:14). 사가랴는 요한이 말을 할 줄 아는 나이가 될 때까지는 말을 할 수 없었지만, 엘리사벳이 마리아에게 예언의 말을 전했다.

누가가 마리아 이야기와 엘리사벳 이야기, 둘 사이에 끼어 있는 이 장면을 잘라 내더라도, 이야기 전개에는 별 지장이 없었을 것이다. 그런데 누가는 이 두 여인이 전하는 예언의 말을 우리가 들을 수 있도록 이 공간을 마련해 두었다. 누가가 이렇게 한 이유는 마리아와 엘리사벳이 각각 예수와 요한의 친모이기 때문이기도 하고, 또한 두 사람이 그들 나름대로 예언자 역할을 하기 때문이기도 하다. 아이를 낳는 여성만의 고유한 능력을 이야기할 때 우리는 이것이든 저것이든 두 가지 실수를 범하기 쉽다. 마치 출산이 가장 우선되는 여성의 존재 이유이기라도 하듯 출산을 과대평가하거나, 아니면 새 생명을 낳는 것이 하나도 중요하지 않다는 듯이 과소평가하는 것이다. 누가가 임신한 이 두 여인에 관하여 우리에게 전해 주는 전체 그림은 우리가 어느 쪽 덫에도 걸리지 않도록 도와준다.

마리아가 엘리사벳의 집에 도착했을 때, 마리아의 목소리는 연쇄 반응을 일으킨다. 아직 태어나지 않은 아기 요한이 엘리사벳의 태중에서 뛰논다. 그때 엘리사벳은 "성령으로 충만"해진다(눅 1:41). 구약에서 하나님의 백성 앞에 서는 위대한 지도자나 선지자는 성령으로 충만할 때가 있었다(예를 들어, 민 27:18; 겔 2:2; 미 3:8). 이 이야기 후반부에 이르면, 사가랴도 "성령으로 충만"해서 예언한다(눅 1:67). 그러나 여기서는 엘리사벳이 성령으로 충만하고, 하나님은 이 여인에게 예수께서 누구신지 계시하신다. 마리아의 인사말을 듣자 엘리사벳은 큰 소리로 외쳐 말한다.

> 그대는 여자들 가운데서 복을 받았고, 그대의 태중의 아이도 복을 받았습니다. 내 주님의 어머니께서 내게 오시다니, 이것이 어찌된 일입니까? 보십시오. 그대의 인사말이 내 귀에 들어왔을 때에, 내 태중의 아이가 기뻐서 뛰놀았습니다. 주님께서 하신 말씀이 이루어질 줄 믿은 여자는 행복합니다(눅 1:42-45).

마리아는 자기에게 무슨 일이 일어났는지 엘리사벳에게 굳이 말할 필요도 없다. 이미 엘리사벳은 알고 있다. 가브리엘이 마리아에게 전해 준 이야기를 성령께서 엘리사벳에게 이미 알려 주신 것이다. 엘리사벳은 마리아가 그 태중에 주를 품고 있다는 것을, 그리고 마리아가 하나님이 약속하신 것을 믿는다는 것을 안다. 구약에서 하나님은 여성 선지자들을 통해 말씀하시기도 했다.[2] 여기서, 하나님

---

2   드보라(삿 4:4)와 훌다(왕하 22:14-20; 대하 34:22-28)를 예로 들 수 있다.

은 엘리사벳에게 예수가 누구인지, 심지어 예수가 태어나기도 전에 살짝 알아볼 수 있는 예언의 은사를 베푸신다. 연대로 따져 봤을 때, 이것은 4세기 전 예언자인 말라기 이후 성경에 기록된, 인간의 입에서 나온 첫 예언의 말이다.

나이도 더 많고 기혼인 엘리사벳은 그 사회에서 마리아보다 우위에 있다. 그러나 예수께서 모든 걸 바꾸신다. 이것은 엘리사벳에게도 영광의 순간이다. 이 여인이 겪고 있던 불임이라는, 뭇사람에게 놀림당하던 수치가 제거되었다. 이 여인은 예언자를 임신하고 있다. 이 여인은 성령으로 충만해 있다. 그리고 이 여인이 무엇이라고 말하는가? 자기를 낮추고 자기보다 어린 사촌을 높이는 말을 하고 있다. 우리가 엘리사벳의 눈을 통해 보는 예수는 우리의 주님이다. 상황이 전혀 그렇게 보이지 않더라도 말이다. 예수께서는 태중에 있고, 사람의 눈에는 보이지도 않는다. 그분에게는 뭇사람이 가진 힘이 조금도 없다. 그러나 성령 충만한 엘리사벳은 잘 알고 있다. 이 여인은 자신이 주님의 임재 가운데 있다는 것을 안다.

○ 하나님을 찬양하다

여기까지 누가복음에서 마리아의 대사는 단 두 줄뿐이다. 누가는 이 여인의 다음 발언이 회오리바람처럼 휘몰아치도록 참고 있다. 엘리사벳의 예언이 폭발하자, 마리아는 이에 화답하여 복음서에서 예수를 제외하고는 어떤 이의 연설보다도 길고 힘 있는 연설을 한다.

> 내 영혼이 주님을 찬양하며
> 내 마음이 내 구주 하나님을 좋아함은,
> 그가 이 여종의 비천함을 보살펴 주셨기 때문입니다. 이제부터는
> 모든 세대가 나를 행복하다 할 것입니다.
> 힘센 분이 나에게 큰 일을 하셨기 때문입니다. 그의 이름은 거룩
> 하고,
> 그의 자비하심은, 그를 두려워하는 사람들에게 대대로 있을 것입
> 니다.
> 그는 그 팔로 권능을 행하시고 마음이 교만한 사람들을 흩으셨
> 으니,
> 제왕들을 왕좌에서 끌어내리시고 비천한 사람을 높이셨습니다.
> 주린 사람들을 좋은 것으로 배부르게 하시고, 부한 사람들을 빈
> 손으로 떠나보내셨습니다.
> 그는 자비를 기억하셔서, 자기의 종 이스라엘을 도우셨습니다.
> 우리 조상들에게 말씀하신 대로, 그 자비는 아브라함과 그 자손
> 에게 영원토록 있을 것입니다(눅 1:46-55).

마리아는 아브라함 이후 하나님이 하신 언약의 큰 흐름 속에서
자신이 지금 어디에 서 있는지를 알고 있다. 마리아는 자신이 얻은
비상한 특권과 모든 세대가 자신을 복받은 여인으로 부를 것임을 안

다. 그러나 마리아는 자신에게 집중하기보다는 마음을 쏟아부어 하나님을 찬양한다. 마리아가 부르는 찬양은 마치 구약의 풍부한 원사로 짠 고급스러운 태피스트리 같아 보인다. 그런데 특히 마리아의 이 찬양은 성경에 기록된 인류의 가장 웅대한 연설 가운데 하나로, 구약의 한 어머니가 한 연설을 비추어 준다.

한나도 엘리사벳처럼 만성 불임이었다. 한나는 아이를 달라고 하나님에게 기도했다. 그리고 하나님은 그 여인에게 아들을 주셨다. 훗날 예언자가 되는 사무엘이다. 사무엘을 주신 하나님에게 한나가 드리는 기도는 마리아의 기도와 비슷하게 시작한다. "주님께서 나의 마음에 기쁨을 가득 채워 주셨습니다"(삼상 2:1). 마리아처럼, 한나도 대역전의 하나님에게 바치는 찬양을 이어 간다. "용사들의 활은 꺾이나, 약한 사람들은 강해진다. 한때 넉넉하게 살던 자들은 먹고살려고 품을 팔지만, 굶주리던 자들은 다시 굶주리지 않는다. 자식을 못 낳던 여인은 일곱이나 낳지만, 아들을 많이 둔 여인은 홀로 남는다. …… 가난한 사람을 티끌에서 일으키시며 궁핍한 사람을 거름더미에서 들어올리셔서, 귀한 이들과 한자리에 앉게 하시며 영광스러운 자리를 차지하게 하신다"(삼상 2:4, 5, 8a; 눅 1:51-53). 그러나 훨씬 중요한 게 있다. 한나의 찬양은 그리스도, 곧 하나님이 약속하신 왕을 직접 예언하는 것으로 끝맺는다는 것이다. "주님께서 땅끝까지 심판하시고……." 그리고 한나는 마지막으로 이렇게 말한다. "세우신 왕에게 힘을 주시며, 기름 부어 세우신 왕에게 승리를 안겨 주실 것이다"(삼상 2:10). 여기서 '기름 붓다'로 번역된 단어는 히브리 성서에서 하나님이 약속하신 왕을 직접 예언하면서 '메시아'라는 단어를 사용한 첫 사례. '그리스도'는 이 단어에 해당하는 그리스어에서 유래했다. 한나의 예언은 그의 아들 사무엘이 이스라엘의 첫 두 왕 사울과 다윗에게 기름 부을 때 일차로 성취되었다. 그러나 한나의 예언이 종국에 성취되는 이는 바로 예수이시다.

한나는 주님이 기름 부어 세우신 왕에 관하여 직접 예언한 첫 사람이다. 마리아는 그분이 누구신지 알아본 첫 사람이다. 한나의 눈과 마리아의 눈이라는 고대의 망원경을 통해 예수를 볼 때, 우리는 모든 인간 권력을 뒤집으시는 이, 약한 사람을 강한 사람으로, 강한 사람을 약한 사람으로 바꾸시는 이, 자신의 백성을 구원하시는 이, 자신의 힘을 보일 때조차도 자비를 베푸시는 이를 만난다.

○ 해산

나는 세 번 해산했다. 경막 외 마취가 완비된 현대식 병원에서 누리는 완벽한 안락함에도, 해산은 여전히 고통스럽고 품위를 지키기 어려운 경험이었다. 새로운 인간을 이 세상에 데려오는 데 따라붙는 고통과 출혈과 노출을 피할 수가 없다. 요가 볼과 명상 수련을 아무리 많이 하더라도 소용없다. 그러나 2,000년 전에 가난하게 해산한다는 것은 지금과는 또 다른 일이었다. 해산 중에 사망할 위험이 매우 큰데다, 마리아는 집에서 멀리 떨어진 곳에서 최소한의 기본 편의 시설도 없는 곳에서 해산했다. 예수께서는 다윗 왕의 출생지인 베들레헴에서 태어나셨다. 그러나 그분은 태어나면서 왕가의 사치라고는 조금도 누리지 못하셨다. 그분은 가난하게 세상에 오셨다. 우리가 익히 알고 있듯이, 마리아는 이 아기를 "포대기에 싸서 구유에 눕혀 두었다. 여관에는 그들이 들어갈 방이 없었기 때문이다"(눅 2:7). 마리아는 주께서 예수를 통해 부자는 놔두고 가난한 자를 높이실 것이라고 예언했다(눅 1:52, 53). 즉석에서 만든 이 유아용 침대에 예수를 눕힐 때, 마리아는 자신의 가난이 역사상 가장 위대한 왕을 감싸는 반전의 핵심을 목격한다.

예수께서 가난하게 태어나신 건 우연이 아니다. 표징이다. 그날 밤, 한 천사가 가난하고 비천한 목자들에게 나타난다. 그 천사가 목자들에게 말한다.

> 두려워하지 말아라. 나는 온 백성에게 큰 기쁨이 될 소식을 너희에게 전하여 준다. 오늘 다윗의 동네에서 너희에게 구주가 나셨으니, 그는 곧 그리스도 주님이시다. 너희는 한 갓난아기가 포대기에 싸여, 구유에 뉘어 있는 것을 볼 터인데, 이것이 너희에게 주는 표징이다(눅 2:10-12).

예수의 태어나심은 온 백성에게 이를 큰 기쁨의 좋은 소식이다. 그런데 신성한 고지를 받은 이들은 종교 지도자나 정치 지도자가 아니라 추레한 목자들이다. "마리아와 요셉과 구유에 누워 있는 아기를" 찾아낸 목자들은 천사의 메시지를 들을 준비가 된 모든 사람에게 전한다(눅 2:16-18). 그러나 누가는 특별히 마리아의 반응을 이렇게 강조한다. "마리아는 이 모든 말을 고이 간직하고, 마음속에 곰곰이 되새겼다"(눅 2:19). 이 지점에서 마리아의 눈을 통해 우리는 어떤 예수를 보는가? 우리는 하나님의 언약이 이미 이루어지고 있는 이를 본다. 우리는 여관에 방이 남아 있지 않은 것이 착오가 아니라 메시지임을 본다. 예수께서는 가난한 사람들을 위해 오셨고 배척부터 받으셨다. 그러나 그분은 또한 부유한 사람과 가난한 사람, 남자와 여자, 젊은이와 노인을 가리지 않으시는, 모두의 구주이시다. 아들에게 젖 먹이는 법을 배우면서, 마리아는 또한 그분이 진정 누구인지도 더 많이 알게 된다. "구주가 나셨으니, 그는 곧 그리스도 주님이시다"(눅 2:11).

○ 희생 제물과 칼

해산에 뒤따르는 부작용 가운데 하나는 몇 주 동안 이어지는 출혈이다. 해산은 화려하지 않다. 구약의 율법은 산모의 산후 출혈이 멈출 때까지 일정 기간을 정해 두고 그 이후에야 어머니가 아기를 예루살렘 성전으로 데려갈 수 있도록 규정했다. 마리아와 요셉은 맏이에게 필요한 제사를 지내기 위해 생후 1개월의 예수를 성전으로 데려갈 때, "산비둘기 한 쌍이나, 어린 집비둘기 두 마리를 드려야 한다"(눅 2:24)고 율법에서 이르는 대로 했다. 이처럼 그들이 바친 저소 득층의 희생 제물에서 그들의 가난이 다시 한 번 엿보인다. 그러나 그 가난도 예수께서 누구신지 숨기지 못한다. 누가는 시므온이라는 사람이 "성령의 인도로 성전에 들어가" 예수를 자기 팔로 받아서 안 고 하나님을 찬양하였다고 전한다(눅 2:27, 28). 시므온은 '그리스도'를 보기 전에는 죽지 아니할 것이라는, 성령의 지시를 받은 사람이었다 (눅 2:26). 그리고 이제 그때가 왔다. 그러나 시므온은 하나님을 찬양 하고 마리아와 요셉을 모두 축복한 후에 특히 마리아에게 다음과 같 은 두려운 말을 전한다. "보십시오, 이 아기는 이스라엘 가운데 많은 사람을 넘어지게도 하고 일어서게도 하려고 세우심을 받았으며, 비 방받는 표징이 되게 하려고 세우심을 받았습니다. 그리고 칼이 당신 의 마음을 찌를 것입니다. 그리하여 많은 사람의 마음속 생각들이 드러나게 될 것입니다"(눅 2:34, 35).

가브리엘은 마리아가 하나님에게 큰 호의를 받고 있다고 말해 주 었다. 엘리사벳은 마리아가 여성 가운데서도 축복받았다고 말해 주 었다. 그러나 시므온은 마리아에게 가슴을 찌르는 말을 하고 있다. 칼이 이 여인의 영혼을 찌를 것이라니? 마리아는 이미 치욕을 감수 하고 있었다.

마리아는 이미 해산의 고통과 그 가혹한 여파를 겪었다. 그런데 가장 축복받은 이 여인에게 한층 더 큰 고통이 기다리고 있었다. 이 순간의 마리아의 눈을 통해 예수를 본다면, 우리는 예수께 가까이 다가간다는 건 곧 고통을 받아들이는 것임을 보게 된다. 시므온의 이야기를 들으면서, 마리아는 미래를 엿본다. 예수께서는 반대에 부닥칠 것이고, 마리아는 가슴이 뚫릴 것이다. 마리아는 이 말씀을 받아들이지만, 하나님은 한 여성 예언자를 보내 마리아에게 용기를 심어 주신다.

.

나는 이 장의 제목을 "예언"이라 붙였고, 아마도 당신은 마리아의 입과 엘리사벳의 입에서 나온 말에 이 용어를 사용하는 건 무리라고 생각했을지도 모르겠다. 그러나 누가는 예수의 탄생을 둘러싼 사건을 전하는 이야기를 마치면서, 자신이 직접 예언자라고 부르는 한 여인을 우리에게 소개한다.

> 아셀 지파에 속하는 바누엘의 딸로 안나라는 여예언자가 있었는데, 나이가 많았다. 그는 처녀 시절을 끝내고 일곱 해를 남편과 함께 살고, 과부가 되어서, 여든네 살이 되도록 성전을 떠나지 않고, 밤낮으로 금식과 기도로 하나님을 섬겨 왔다. 바로 이때에 그가 다가서서 하나님께 감사를 드리고, 예루살렘의 구원을 기다리는 모든 사람에게 이 아기에 대하여 말하였다(눅 2:36-38).

안나(히브리어로는 한나)라는 이 여인의 이름은 성경에서 다른 딱 한

47   1장 · 예언

사람과 공유하는 이름이다. 바로 사무엘의 어머니다. 1세기 유대인들은 당시 흔치 않은 이 이름을 듣고는 한나를 떠올렸을 것이다.[3] 한나와 마찬가지로 안나도 그가 드린 끊임없는 기도로 유명하다. 한나는 메시아를, 곧 주님이 메시아를 통해 세상의 끝을 심판하신다는 예언을 했고, 안나는 마침내 태어나신 메시아에 관해서 예언하게 된다. 안나는 마리아가 한나의 말로 엮은 태피스트리에 매듭을 지은 것이다.

안나는 나이 많은 과부다. 오늘날 문화에서도 매우 쉽게 무시당할 수 있는 그런 여자다. 안나는 인생 대부분을 독신으로 지냈고, 밤낮으로 예배하고 기도하며 주님에게 온전히 헌신했다. 누가가 우리에게 알려 주는 안나의 배경은 놀랍도록 상세하다. 누가는 우리에게 안나의 아버지 이름과 이 여인이 "아셀 지파에 속한다"는 사실을 알려 준다(36절). 안나가 속한 지파의 원래 거주지는 갈릴리 서쪽 구릉지대였다. 그러나 아셀 지파는 북이스라엘 왕국에 내린 심판으로 거의 멸절했다. 여기서 안나는 멸절한 북부 지파에서 예루살렘에 기반을 둔 예언자로서 역사의 두 왕국, 즉 유다와 이스라엘을 재통합하는 그 지파의 남은 자로 나타난다. 안나는 또한 유대 역사에 깊은 인상을 남긴 한 장면을 직접 목격했다. 현재 84세인 안나는 유대인이 자치권을 행사하던 시대에 태어났고, 살로메 알렉산드라 여왕이 통

---

3   리처드 보컴은 이렇게 말한다. "주전 330년부터 주후 200년의 시기에 팔레스타인에 거주한, 이름이 파악된 유대인 여성 247명 가운데 안나라는 이름을 가진 사람은 우리의 이 안나 한 사람밖에 없다." Bauckham, *Gospel Women*, 92.

치하던 번영의 시대를 살았으며, 주전 63년 로마의 침공으로 유대의 주권이 파국을 맞는 것을 지켜보았다.

늙은 과부 안나의 모습은 10대 엄마인 마리아와 매우 다르다. 두 사람이 각자 예수를 응시할 때, 이 여인들의 시선은 시간의 두 끝에 가닿는다. 그러나 두 여인 모두 하나님이 마침내 당신의 백성을 구속하겠다고 약속하신 왕이 오신다는 계시를 받는다.

안나는 예수를 보자 "다가서서 하나님께 감사를 드리고, 예루살렘의 구원을 기다리는 모든 사람에게 이 아기에 대하여 말하였다"(38절). 마리아와 엘리사벳은 은밀히 예언했다. 안나는 드러내놓고 예언한다. 성전에서 하나님의 구원을 기다리고 있는 모든 사람에게 예언한다. 안나의 눈을 통해 우리는 살로메 알렉산드라 여왕 시대처럼 유대의 자치를 회복하기 위해 오신 것이 아니라, 그런 자치 주권보다 훨씬 큰 구속을 이루기 위해 오신 하나님 백성의 구주이신 예수를 본다.

안나는 예수에 대해 예언한 최초의 사람이 아니다. 그러나 연대순으로 생각한다면, 이 여인은 약 4세기 전 구약의 마지막 예언자인 말라기가 죽은 이후에 성경에서 공식적으로 예언자라고 부른 첫 번째 사람이다. 말라기는 이렇게 예언했다. "너희가 오랫동안 기다린 주가, 문득 자기의 궁궐에 이를 것이다. 너희가 오랫동안 기다린, 그 언약의 특사가 이를 것이다. 나 만군의 주가 말한다"(말 3:1b). 예언자 안나는 이제 생후 1개월 된 예수가 어머니 품에 안겨 성전으로 들어올 때 주님이 그의 성전으로 들어오시는 모습을 목격한다. 안나가 예언하는 구속의 말은 위안이 되지만, 마리아는 예수께서 곧 반대에 맞닥뜨리게 될 것이라는 시므온의 걱정스러운 예언의 실체를 경험한다.

○ 동방 박사들과 살육

내 어린 시절의 기억 가운데 하나는 어머니가 나를 런던에서 어느 합창단 리허설에 데려가신 날이다. 계단에 앉아 어머니를 기다리고 있을 때 경외감이 느껴지던 거대한 콘서트홀과 나를 둘러싼 놀라운 목소리를 기억한다. 사람들이 그 리허설에서 부른 것으로 기억하는 노래의 후렴구는 "밝게 빛나는 그의 별을 보라"로 시작된다.

마치 예수께서 탄생하셨을 때 하늘과 땅이 어떻게 하나가 되었는지 설명하는 것처럼, 옥타브를 넘나드는 선율이 한 편의 드라마처럼 아름다운 곡이다. 이 노랫말은 동방 박사 이야기를 전하는 마태의 기록에서 영감을 얻은 것이다. 동방 박사들은 예루살렘에 도착해서는 이렇게 말했다. "유대인의 왕으로 나신 이가 어디에 계십니까? 우리가 동방에서 그의 별을 보고, 그에게 경배하러 왔습니다"(마 2:1, 2).

현자, 곧 동방 박사들은 아마도 예수께서 태어나고 몇 달 후에 도착했을 것이다. 그리고 그들은 틀림없이 고등 교육을 받은 이들이었겠지만, 그들의 지혜는 정치에는 미치지 못한 것 같다. 정치에도 밝았다면, 현직 유대 왕 헤롯을 멀리해야 한다는 것쯤은 알았을 테니 말이다. 헤롯은 대제사장들과 서기관들에게 그리스도가 어디서 나겠느냐고 묻는다. 그들은 "유대 베들레헴"이라고 대답했고, 또 선지자 미가가 그렇게 예언했다고 말한다(5, 6절; 미 5:2). 그러자 헤롯은 동방 박사들을 베들레헴으로 보내면서 자기도 새 왕에게 경배하고 싶다고 말한다.

동방 박사들은 아기 예수께 나아가 무릎 꿇는다. "그들은 그 집에 들어가서, 아기가 그의 어머니 마리아와 함께 있는 것을 보고, 엎드려서 그에게 경배하였다. 그리고 그들의 보물 상자를 열어서, 아기에게 황금과 유향과 몰약을 예물로 드렸다"(마 2:11). 마리아에게는 이들의 방문이 천사에게 받은 약속을 확인하는 느낌이었을 것이다. 이 여인의 아들은 이번에는 양치기가 아니라 부유하고 교육 수준이 높은 외국인들에게 경배받고 있다. 그러나 그들이 떠날 때 시므온의 경고가 암울한 현실이 되기 시작한다. 헤롯은 예수를 제거하려고 베들레헴에 있는 두 살이 안 된 남자아이를 모두 죽이라는 명령을 내린다. 마리아와 요셉은 이집트로 피신해야 했다(13-18절). 이 위협과 유배의 시간을 겪으면서 마리아는 안나의 말에 얼마나 집착했을까? 그렇다. 예수는 하나님이 약속하신 왕이시다. 그러나 마리아는 예수가 어린 시절부터 얼마나 많이 논란에 휩싸였는지 봐서 안다. 어떤 사람들은 예수께 경배하려고 먼 길을 여행하는데, 또 어떤 사람들은 예수를 몹시도 미워해서 그가 죽기를 바라고 있다.

얼마 지나지 않아 헤롯도 죽는다. 헤롯만큼이나 위험한 인물인 그의 아들이 유대 통치권을 넘겨받고, 마리아와 요셉은 다시 나사

　　　　　　　　　　　　　　　1장 · 예언

렛에 돌아와 정착한다. 그러나 잔인한 로마 통치의 영향은 피할 수 없었다. 헤롯이 죽은 직후에 유다라는 사람이 그 지역에서 반란을 일으켜 나사렛에서 6.5킬로미터 떨어진 제법 큰 마을인 세포리스(Sepphoris)에서 무기고를 점령했다. 로마는 확실한 무력으로 대응했다. 로마 군대는 세포리스를 불태웠고, 그 주민들을 노예로 팔아넘겼으며, 유대인 약 2,000명을 십자가에 매달아 처형했다.[4] 마리아가 아들을 키운 세상은 이랬다. 제국을 무너뜨릴 왕이 되실 하나님의 아들을 키운 그 세상 말이다. 로마의 지배를 벗어나려는 어떠한 시도도 곧장 십자가 처형으로 이어지는 세상이었다. 가장 축복받은 이 여인은 아들이 자라는 모습을 보면서 이 고통스러운 지식을 안고 살게 될 것이다. 그렇다. 하나님은 마리아에게 은혜를 베푸셨지만, 언젠가는 서슬이 시퍼런 검이 이 어머니의 심장을 꿰뚫을 것이다.

모성의 취약성은 임신과 함께 시작된다. 나는 첫 임신 때 날마다 혹시나 잘못되지나 않을까, 아기를 잃지나 않을까 노심초사했다. 아이들은 지금 잘 자라고 있다. 열한 살, 아홉 살, 세 살이다. 지금 이 아이들은 건강하고, 행복하고, 또 가장 의미 있게 예수님을 주님으로 인정하고 있다. 하지만 나는 날마다 이 아이들의 미래가 어떻지 걱정하고 씨름한다. 심각한 우울증이 우리 아이들에게 닥친다면? 마음 상하는 일이 생기거나, 몸이 돌이킬 수 없는 해를 입으면 어쩌나? 가장 두려운 일은 이것이다. 이 아이들이 결국 예수께 등을 돌

---

4   유대 역사가 요세푸스는 그가 집대성한 『유대 고대사』에서 이 사건을 전한다. *Antiquities of the Jews* 17.10.

리면 어떻게 될까? 부모로 산다는 것은 내 몸은 놔두고 내 마음을 세상으로 내보내는 심정이다. 내가 어찌할 수 없는, 보호해 줄 수 없는 곳으로. 마리아는 자기 아들이 어떤 이로 태어났는지 알게 되었을 때부터, 그가 어떤 반대에 부닥칠지 처음으로 알게 되었을 때부터 이러한 두려움을 느꼈을 것이다!

○ 성전으로 돌아가다

마리아의 눈을 통해 예수의 어린 시절을 마지막으로 엿볼 수 있는 때는 그분이 열두 살일 무렵이다. 마리아와 요셉은 유월절을 지키기 위해 예수를 성전으로 다시 데려온다. 유월절 절기가 끝나고 이 가족은 예루살렘을 떠난다. 그러나 예수는 그렇게 하지 않는다. 마리아와 요셉은 예루살렘을 떠나 하루를 꼬박 걸은 다음에야 예수가 자기네와 함께 있지 않다는 사실을 알아차린다. 그들은 발길을 돌이켜 사흘이나 예루살렘을 샅샅이 뒤진다. 틀림없이 그들은 그 시간에 한없이 차오르는 두려움을 경험했을 것이다. 마침내 그들은 성전에서 선생들 틈에 앉아서 대화를 경청하고 또 질문하는 예수를 발견한다. 누가는 말한다. "그의 말을 듣고 있던 사람들은 모두 그의 슬기와 대답에 경탄하였다"(눅 2:47). 하지만 마리아는 묻는다. "얘야, 이게 무슨 일이냐? 네 아버지와 내가 너를 찾느라고 얼마나 애를 태웠는지 모른다"(48절). 예수는 되묻는다. "어찌하여 나를 찾으셨습니까? 내가 내 아버지의 집에 있어야 할 줄을 알지 못하셨습니까?"(49절) 하나님이 예수가 누구인지 이미 이 여인에게 전부 알려 주셨지만, 마리아는 예수가 한 이 말을 이해하지 못했다. 누가는 마리아와 요셉이 "예수가 자기들에게 한 그 말이 무슨 뜻인지를 깨닫지 못하였다"(50절)라고 말한다. 그러나 다시 한 번 마리아는 "이 모든 일을 마음에 간직하였다"(51절).

이 시점의 마리아의 눈을 통해 나는 지금 나 자신의 부족함을 본다. 마리아는 예수에 관한 놀라운 소식을 가장 먼저 들은 사람이다. 그러나 이 여인은 예수께서 진정 누구인지, 그리고 자신이 상상할 수 있는 것보다 얼마나 더 크신지 이해할 수 없었다. 나는 예수께서 하나님의 아들이심을 안다. 그러나 대체로 나는 이 진리가 내 삶의 매 순간 개입할 필요까지는 없는 것처럼 살아간다. 나는 내 계획의 중심에 예수님이 없어도 성공할 수 있다는 듯이 산다. 그러나 우리가 편리할 때 우리 안에 들이는 예수님은 우리 삶에 어울리실 수 없다. 그분은 우리가 가진 모든 것의 주인이시거나 아니시거나 둘 중 하나다. 마리아처럼 나는 온종일 예수님을 잊고 지낼 수 있다. 내 계획을 밀어붙일 수 있다. 하지만 그때는 되돌아가야 한다. 예수께서 누구신지 정말 알 수 있다면, 내 인생의 매 순간이 그분의 것임을 알게 될 것이다. 복음서에서 예수와 가까운 사람들 거의 모두 그랬듯이, 마리아가 예수를 누구인지 알아보지 못하던 그때를 우리는 안다. 그러나 3장에서 살펴보겠지만, 우리는 또한 예수께서 어떻게 마리아에게 붙어 계시고 그를 끝까지 돌보시는지 본다.

마리아와 엘리사벳과 선지자 안나는 매우 다른 삶을 살았다. 마리아는 어렸고 가난했고 보잘것없어 보였다. 엘리사벳은 삶의 대부분을 불임에 따라붙은 수치심과 슬픔을 안고 살았다. 안나는 젊어서 과부가 되었고 이제 늙었다. 그러나 이들은 모두 저마다 하나님이 부어 주신 예언을 했고, 그 예언의 도움을 받아 우리는 예수께서 누구신지 본다. 예수의 잉태, 유년기, 어린 시절에 대해 우리가 알고 있는 내용은 대부분 그분을 둘러싼 이 여인들의 목격 증언이 있어서 가능한 것이다. 오늘 우리가 이 여인들의 눈을 통해 예수를 진정으로 볼 수 있기를 바란다. 가난하게 태어나셨고, 역사 한가운데 들어오셨으며, 당신의 백성을 구속하셨고, 하나님이 약속하신 영존하는 왕이 되신 하나님의 아들을.

✦✦✦ 토론 질문 ✦✦✦

○ 첫걸음

흥미로운 소식을 들었을 때 어땠는지 함께 나누어 봅시다. 그때 어떻게 반응했습니까? 꿈에 그리던 직업을 갖게 되었다는 사실을 알게 된 것처럼 큰일일 수도 있고, 커피숍에서 누군가가 당신의 음료값을 내준 걸 알게 된 것처럼 작은 일일 수도 있을 겁니다.

1 마리아가 살던 시대에 이를 때까지 이스라엘 역사에서 일어난 사건들은 누가복음 1장 30-33절에 나오는 가브리엘이 전한 소식의 중요성을 이해하는 데 어떤 도움을 줍니까?

2 마리아, 엘리사벳, 안나의 배경에 관해서 우리는 어떤 것을 알고 있습니까?

3   여인들이 예수에 관해 예언의 말을 했다는 사실이 왜 중요합니까?

4   성경은 우리가 기대하는 것과 전혀 다른 뒤집힌 하나님 나라를 묘사합니
    다. 첫째가 나중 되고, 천한 자가 존귀해지고, 왕께서 오셔서 죽습니다. 예
    수께서 마리아에게서 태어나신 것은 하나님 나라의 이러한 그림에 어떻게
    들어맞습니까?

5   한나, 마리아, 엘리사벳의 임신에는 어떤 공통점이 있습니까? 이 여인들의
    임신은 하나님의 어떤 성품을 드러냅니까?

6   마리아는 예수를 알게 됨으로 어떤 고통이나 괴로움을 겪었습니까? 이 여
    인의 그러한 경험은 그리스도인의 삶과 어떻게 연결됩니까?

7   하찮은 존재, 무시당하는 존재, 버림받은 존재라는 느낌을 받을 때 당신이
    겪는 고통은 어떠합니까? 이 장에 나오는 여인들의 이야기는 낙심에 빠진
    당신에게 어떤 희망을 가져다줍니까?

1장 · 예언

8   이 여인들의 눈을 통해 예수님을 볼 때, 그분의 어떤 점이 당신에게 의미

     있게 다가옵니까?

○ 한 걸음 더

사무엘상 2장 1-10절에서 사무엘이 태어났을 때 한나가 드린 감사 기
도와 누가복음 1장 46-55절에 나오는 마리아의 기도를 읽으십시오.

1   한나의 기도와 마리아의 기도는 어떤 점에서 닮았습니까? 이 두 여인은 하

     나님의 어떤 속성을 찬양합니까?

2   한나는 사무엘상 2장 10절에서 어떤 예언을 합니까? 마리아의 기도는 한

     나의 예언이 성취되는 것을 어떻게 나타냅니까?

3   한나와 마리아는 모두 하나님의 힘과 자비를 강조합니다. 당신은 하나님

     의 이러한 속성 중에서 어느 쪽에 더 집중합니까? 당신이 하나님의 자비와

     힘을 모두 붙잡고서 드리는 예배는, 어떤 예배가 될까요?

제자

～

"왜 예수님에게는 여자 제자들이 없어요?" 아홉 살 된 딸 엘리자가 내게 던지는 질문은 늘 대답하기 가장 어려운 이런 질문들이다. 그것도 속사포같이 쏟아 낸다. 엘리자의 심문이 시작되면 나는 일단 "잘 모르겠는데"로 시작할 때가 많다. 부모로서 내 몫에는 모르는 걸 모른다고 정직하게 말하는 것도 들어 있다. 그러나 엘리자가 **이** 질문을 했을 때는 그냥 미소 지으면서 이렇게만 말했다. "그분에게도 여자 제자들이 있었단다."

이 장에서 우리는 예수와 함께 다닌 제자들 가운데서 이름을 알 수 있는 여성들을 만날 것이다. 그다음에는 두 여인, 베다니의 마리아와 마르다에게 초점을 맞출 것인데, 이들은 예수와 함께 다니지 않았지만, 그럼에도 예수의 가장 가까운 제자 무리에 속했다. 우리가 이 여성들의 눈을 통해 예수를 볼 때, 다른 누구와도 같지 않은 유대인 랍비로서의 예수, 곧 세상을 바꾸려고 하나님이 보내신 선생으로서의 예수를 보게 될 것이다. 그러나 우리는 또한 예수께서는 이런 분에 지나지 않았다고 말하는 걸로 그쳐서는 안 된다는 사실도 알게될 것이다. 예수를 **그저** 좋은 선생이라고 주장하는 것은 태양을 **단지** 좋은 빛의 근원이라고 말하는 것과 같다는 걸 알게 될 것이다.

○ 예수의 여성 제자들

엘리자가 그 질문을 한 데는 합당한 이유가 있었다. 이스라엘의 열두 지파는 아브라함의 손자 야곱의 열두 아들에서 시작했다. 그리고 예수께서는 유대인 남자 열둘을 '사도'(apostles)로 택하셨다. 이로써 예수께서는 하나님 백성의 새로운 시작을 알리셨다.[1] 마가는 그 제자들을 이렇게 소개한다. "예수께서 열둘을 세우시고 [그들을 또한 사도라고 이름하셨다.] 이것은, 예수께서 그들을 자기와 함께 있게 하시고, 또 그들을 내보내어서 말씀을 전파하게 하시며, 귀신을 쫓아내는 권능을 가지게 하시려는 것이었다"(막 3:14, 15). 이 시점부터 마가는 그 열두 사도를 가리킬 때는 '제자'(disciples)라는 단어를 즐겨 사용한다. 그러나 누가는 이 '열둘'은 예수의 제자들 가운데 일부

---

[1]   마태복음 19장 28절과 누가복음 22장 30절은 이 둘의 연결을 강조한다.

라고 설명한다. 밤새도록 기도하시고 날이 밝을 때 예수께서는 "자기의 제자들을 부르시고, 그 가운데서 열둘을 뽑으셨다. 그는 그들을 사도라고도 부르셨[다]"(눅 6:13). 그렇다면, 예수와 함께 다닌 더 큰 무리의 제자들은 어땠을까? 그 무리에 여성이 많이 있었다는 사실을 누가는 분명하게 밝힌다.

예수께서 죄인으로 낙인찍힌 여인을 용서하시고, 경건한 자라 자처하는 남자가 아니라 그 여인을 칭찬하신 이야기를 전한 다음에, 누가는 다음과 같이 기록하고 있다.

> 그 뒤에 예수께서 고을과 마을을 두루 다니시면서, 하나님의 나라를 선포하며 그 기쁜 소식을 전하셨다. 열두 제자가 예수와 동행하였다. 그리고 악령과 질병에서 고침을 받은 몇몇 여자들도 동행하였는데, 일곱 귀신이 떨어져 나간 막달라라고 하는 마리아와 헤롯의 청지기인 구사의 아내 요안나와 수산나와 그밖에 여러 다른 여자들이었다. 그들은 자기들의 재산으로 예수의 일행을 섬겼다(눅 8:1-3).

예수와 함께 여행한 여성들 가운데 다수가 육체든 영이든 예수께 고침받은 이들이라고, 그리고 예수께서는 그분을 따르는 여성들에게서 사역에 필요한 재정을 지원받으셨다고 누가는 기록하고 있다. 이 사실은 매우 중요한 의미를 담고 있다. 누가는 가난하고 소외된 사람들에게 우리 시선을 집중시킬 때가 많다. 그러나 여기서 우리는 예수께 마음이 끌린 여성들, 예수께 사로잡힌 나머지 자기 집을 떠나 그분이 가시는 곳이라면 어디든 따라다닌 부유한 여성들의 모습을 엿볼 수 있다. 앞서 서론에서 보았듯이, 복음서 저자들은 목격자 출처를 표시하기 위해 사람들의 이름을 적어 두었다. 이 세 여인의 이름을 특별히 기록하면서 누가는 예수의 생애를 전하면서 인용한 목격담의 증인이 그 여인들이라는 점을 알려 주고 있다.

막달라 마리아가 가장 먼저 등장하는데, 예수의 여성 제자들 가운데 가장 유명해진 여인이다. 이 여인은 남편이나 아들이 누구인지 말하는 것으로 다른 모든 마리아와 식별되는 것이 아니라, 예수께서 이따금 "나사렛 예수"로 불린 것처럼 그 출신 마을로 소개되고 있다. 이 마리아가 결혼했는지 또는 자녀는 있는지, 우리는 아는 바가 없다. 이 여인의 외모나 성적인 이력에 관해서도 전혀 모른다. 막달라 마리아가 개과천선한 매춘부였다는 인식이 형성된 것은 이 여인이 죽고 수 세기가 지난 뒤였다. 누가는 다만 우리에게 예수께서 이 여인에게서 일곱 귀신을 쫓아내셨다는 이야기만 전해 줄 뿐이다. 막달라 마리아는 악령에게 지독히도 괴롭힘당하고 있었다. 말하자면, 이 여인은 하나님의 아들께서 핵심 팀원으로 선발하실 가능성이 가장 낮은 사람이라고 예상할 만한 그런 사람이었다. 그러나 예수께서는 가능성이 가장 낮은 사람들을 즐겨 택하신다. 이 마리아는 예수께서 이 땅에서 일하실 때 함께 여행하고, 더 나아가 예수의 부활을 증언하는 중대한 역할도 한다. 막달라 마리아는 귀신이 장난질 치는 놀이터로 살다가 세상을 바꾸시려는 하나님의 역발상 계획에 주전 선수로 선발되었다. 이 여인의 눈을 통해 우리가 엿볼 수 있는 예수는 어떤 이이신가? 우리는 이 여인의 삶을 완전히 뒤바꾸신 예수, 이 여인을 악마의 구덩이에서 들어 올리셔서는 당신의 헌신적인 제자로 세우시는 예수를 본다.

누가가 이름을 기록해 둔 두 번째 여성("헤롯의 청지기인 구사의 아내 요안나")은 오늘 우리에게는 막달라 마리아보다 훨씬 덜 알려져 있다. 누가복음을 열 번이나 읽어도, 이 여인을 기억하지 못할 수 있다. 그러나 누가의 첫 독자들 머릿속에는 요안나가 깊이 박혀 있었을 것이다. 그것은 이 여인의 신분 때문이기도 하고, 세례 요한을 옥에 가두고 그의 머리를 자른 남자와 이 여인이 어떤 연관이 있기 때문이기도 하다. 여기서 누가가 언급한 헤롯은 예수께서 태어날 때 유대를 다스리던 헤롯 대왕이 아니라, 헤롯 대왕의 여러 아들 가운데 하나인 헤롯 안티파스(Herod Antipas)다. 예수의 공생애 시기에는 이 헤롯이 갈릴리를 통치했다. 누가는 우리에게 헤롯 안티파스가 예수에 관한 소문을 듣고는 그분을 만나고 싶어 한다고 들려준다. "헤롯은 이렇게 말하였다. '요한은 내가 목을 베어 죽였는데, 내게 이런 소문이 파다하게 들리는 사람은 누구인가?' 그는 예수를 만나고 싶어 하였다"(눅 9:9). 누가는 헤롯이 이런 반응을 보인 걸 어떻게 알았을까? 요안나를 통해서 알았을 가능성이 매우 높다. 헤롯의 청지기 구사는 헤롯 안티파스의 궁정에서 상당한 고위직에 있었을 것이다. 이런 사람의 아내라면 궁정에서 나도는 소문에 접근할 수 있었을 것이며, 궁정의 안락한 삶을 포기하고 논란의 중심에 있는 한 랍비와 함께

다니는 이 여인의 행동은 충분히 물의를 일으켰을 것이다.[2]

사실, 예수의 제자가 되겠다는 요안나의 결정은 위험하기 짝이 없다. 헤롯은 예수에게 흥미를 느끼면서도 다른 한편으로는 그를 죽이고 싶어 한다(눅 13:31). 예수께서 체포되신 후에 로마 총독 빌라도는 예수를 헤롯에게 보낸다. 그리고 누가는 우리에게 이렇게 전한다. "헤롯은 예수를 보고 매우 기뻐하였다. 그는 예수의 소문을 들었으므로, 오래전부터 예수를 보고자 하였고, 또 그는 예수가 어떤 기적을 일으키는 것을 보고 싶어 하였다"(눅 23:8). 그러나 예수께서는 헤롯의 질문에 어떤 대답도, 어떤 행동도 보이지 않으셨다. 그러자 "헤롯은 자기 호위병들과 함께 예수를 모욕하고 조롱하였다. 그런 다음에, 예수에게 화려한 옷을 입혀서 빌라도에게 도로 보냈다"(눅 23:11). 헤롯 궁정의 일원인 요안나가 모든 것을 버리고 예수를 따른 것은 엄청난 위험을 감수하는 행동이었다. 헤롯이 어떤 생각을 품고 있었는지, 어떻게 행동했는지를 누가가 독점적으로 파악할 수 있었던 것은 이 여인 덕분이었을 것이다.

요안나의 높은 사회 신분 또한 예수와 함께 여행한 여성들이 단순히 집안일을 맡는 역할로 포함된 것이 아님을 분명하게 보여 준다. 실제로 보컴은 "[누가복음 8장 1-3절에서] 예수를 따르는 제자들의 공동체 안에 있는 여성들이 일반적인 가정 상황에서 성별에 따라 수행하던 역할을 배정받았다고 가정하는 것은 상당히 잘못된 생각"

---

2   다음을 참고하라. Bauckham, *Gospel Women*, 136-37.

이라고 주장한다.[3] 요안나 같은 신분의 여성이라면 가정에서 종을 두어 요리하고 청소하는 일을 맡겼을 것이다. 예수의 제자들 가운데 부유한 여성들은 오히려 예수의 사역에 재정을 지원했을 것이다. 물론, 그렇다고 이 여성들이 손에 더러운 것을 묻히는 일을 전혀 하지 않았다는 말은 아니다. 예수께서는 자신을 따르는 이들에게 제자라면 반드시 다른 사람을 섬겨야 한다고 거듭 가르치셨다. 예수께서는 무릎을 꿇고 그네의 발을 씻기기까지 하셨다(요 13:1-17). 그러나 누가는 요안나라는 이름을 거명함으로 제자 무리에 여성들이 들어온 것은 남자들을 위한 가사 노동이 필요했기 때문이라는 생각을 무너뜨린다. 요안나의 눈을 통해 보는 예수는 어떤 이이신가? 우리는 대적자의 궁정에 있던 사람들을 택하여 자기 나라에서 섬기도록 하시는 예수를 본다. 그분을 위해서는 어떤 신분도 버려야 하고, 고위직에 있는 친구들도 떠나야 하는 그런 예수를 본다. 우리가 가진 돈을 내어 드려야 하는 그런 예수를 본다. 그분을 위해서는 어떤 위험도 감수해야 하는 그런 예수를 본다.

누가가 이름을 언급한 마지막 여인은 수산나이다. 이 여인의 이름은 흔한 이름이 아니었으므로, 누가는 달리 식별할 필요 없이 그냥 '수산나'라고만 소개한다. 다만 누가가 여성 제자 무리 가운데서 특별히 이 여인을 고른 것으로 보아 이 여인이 꽤 유명했다는 것을 짐작할 수 있다. 누가가 목격자 출처를 언급할 때 보이는 신중한 태

---

3   Bauckham, *Gospel Women*, 114.

2장 · 제자

도는 그가 예수 부활의 증인으로 막달라 마리아와 요안나는 거명하면서 수산나는 거론하지 않는 데서 뚜렷이 드러난다. 누가는 수산나 대신에 "야고보의 어머니 마리아"를 언급한다(눅 24:10). 아마도 수산나는 예수의 무덤에 가서 그 빈 것을 발견한 여인들 가운데는 없었을 것이다. 그러나 누가는 예수의 생애 중 초기 에피소드를 이야기하면서는 이 여인을 염두에 두었다. 누가가 우리에게 마리아, 엘리사벳, 안나를 태어나지 않은 예수와 갓 태어난 예수의 증인으로 제시한 것처럼, 이제 누가는 막달라 마리아, 요안나, 수산나를 예수의 사역을 목격한 증인으로 제시한다.

마태와 마가도 예수와 함께 여행한, 그러나 십자가까지는 가지 않은 여성들을 우리에게 이야기해 준다. 마가는 이렇게 기록하고 있다.

> 여자들도 멀찍이서 지켜보고 있었는데, 그들 가운데는 막달라 출신 마리아도 있고 작은 야고보와 요세의 어머니 마리아도 있고 살로메도 있었다. 이들은 예수가 갈릴리에 계실 때에, 예수를 따라다니며 섬기던 여자들이었다. 그밖에도 예수와 함께 예루살렘에 올라온 여자들이 많이 있었다(막 15:40, 41).

예수의 십자가 처형을 목격한 무리에 있었으며 예수께서 처음 갈릴리에 계실 때부터 함께 여행한 여성들의 이름을 마태도 하나하나 거명한다.

거기에는 많은 여자들이 멀찍이 지켜보고 있었는데, 그들은 예수께 시중을 들면서 갈릴리에서 따라온 사람이었다. 그들 가운데는 막달라 출신 마리아와 야고보와 요셉의 어머니 마리아와 세베대의 아들들의 어머니가 있었다(마 27:55, 56).

마태와 마가 둘 다 막달라 마리아를, 그리고 야고보와 요셉의 어머니 마리아를 거명한다.[4] 그런데 두 복음서 기자는 세 번째 목격자로 서로 다른 여성을 택한다. 이것은 실수가 아니다. 마태가 우리에게 말하듯이, 예수의 여성 제자 여럿이 그분의 죽음을 목격했다. 그러나 각 복음서 기자는 특히 자신이 접근한 목격자 여성들을 언급한다. 장례식에서 세 차례의 추도문이 고인에 대한 서로 다른 기억을 강조하는 것처럼, 복음서 기자들은 자신들의 이야기를 정리하기 위해 예수를 직접 알던 여러 사람을 참고한다. 누가복음 8장 1-3절에서 누가가 언급한 여성들은 "처음부터 말씀의 목격자요 전파자가 된 이들"(눅 1:2)이다. 그다음에 누가가 여성들을 거명할 때는 예수께서 구체적으로 여성 제자를 인정하시는, 그의 복음서에만 고유하게 나타나는 이야기를 들려주고 있다.

---

4   요세(Joses)와 요셉(Joseph)은 같은 이름의 변형태였다.

예수와 그분의 제자들이 한 마을에 들어갔다. 마르다라는 이름의 여인이 예수를 자기 집으로 모셨다(눅 10:38). 마르다는 그 시대 그 지역에 살던 유대인 여성 이름 가운데서 네 번째 흔한 이름이었다. 마르다에게는 여동생이 있었다. 그렇다. 마리아다.[5] 이 자매에 관하여 누가가 들려주는 이야기는 종종 성경의 성격 테스트처럼 사용된다. "당신은 1번, 마르다 같은 활동형인가, 아니면 2번, 마리아 같은 묵상형인가?" 그러나 이런 해석은 핵심을 놓친다. 이 이야기는 두 유형의 성격에 관한 것이 아니다. 이 이야기에서 중요한 것은 예수에 대한 두 가지 반응이며, 예수께서 여성을 제자로 인정하셨다는 사실이다.

예수를 자기 집으로 맞아들인 마르다는 "여러 가지 접대하는 일로 분주하였다"(눅 10:40). 누가가 여기서 마르다의 '접대'(serving)로 표현한 단어는 누가복음 8장 3절에서 예수를 "섬긴" 여성들을 묘사할 때 사용한 단어와 같은 동사다. 그러나 이 문맥에서 이 단어는 분명하게 가사 노동을 가리키고 있다. 그러니 이 이야기는 예수를 따르는 여성들은 그저 요리하고 청소하기 위해 그분과 함께 있었다는 해석을 지지할까? 전혀 그렇지 않다. 마르다는 "여러 가지 접대하는 일로 분주"하지만, 마리아는 "주님의 발 곁에 앉아서 말씀을 듣고 있

---

5   이 지역 유대 여성의 약 6퍼센트의 이름이 '마르다'였다. 다음을 참고하라. Bauckham, *Beloved Disciple*, 175.

었다"(눅 10:39).

누군가의 발 곁에 앉는다는 것은 곧 그의 제자라는 몸짓이다. 그 사례로 사도 바울을 보자. 바울은 자신이 누구인지 해명하면서 "가 말리엘 선생의 문하에서(at the feet of Gamaliel) …… 교육을 받았습니 다"라고 말했다(행 22:3). 신약학자 대럴 보크(Darrell Bock)는 이 장면을 다음과 같이 설명한다. "제자의 자리에 곧 예수의 발 곁에 여성이 있 는 이 그림은 여성이 랍비에게 정규 교육을 받을 수 없던 문화에서 는 깜짝 놀랄 만한 그림이었을 것이다."[6] 아마도 이 마리아는 막달라 마리아, 요안나, 수산나, 그리고 예수의 제자들 가운데 있는 다른 여 인들을 보고 용기를 얻어 예수의 발 곁에 앉았을 것이다. 예수께서 논쟁의 여지가 있는 사람들을 받아들이실 때 자주 그렇듯이, 마리아 를 그 자리에 두시고서도 예수께서는 비판받으신다. 그러나 이 이야 기에서 이것으로 예수께 이의를 제기하는 무리는 항상 예수에게서 무슨 꼬투리를 잡아내려고 혈안이 되어 있는 바리새인들도 아니고, 예수를 종종 오해하는 예수의 남성 제자들도 아니다. 이의를 제기하 는 이는 바로 마르다이다.

마르다가 예수께 와서 말한다. "주님, 내 동생이 나 혼자 일하게 두는 것을 아무렇지 않게 생각하십니까? 가서 거들어 주라고 내 동 생에게 말씀해 주십시오"(눅 10:40). 어찌 보면, 당연한 요청이다. 접

---

6   Darrell Bock, *Luke: 9:51-24:53*, vol. 2, Baker Exegetical Commentary on the New Testa- ment (Grand Rapids, MI: Baker Academic, 1996), 1037. 「누가복음 2」, "베이커 신약 성 경 주석", 부흥과개혁사 역간.

대 준비로 분주한 마르다를 그냥 둔 채 마리아는 어떻게 저렇게 예수 곁에 앉아 있을 수 있지? 마리아는 자기가 뭐라도 된 줄로 생각하고 있나? 그런데 예수께서는 마르다의 요청을 들어주지 않으신다. 오히려 마르다를 부드럽게 타이르신다. "마르다야, 마르다야, 너는 많은 일로 염려하며 들떠 있다. 그러나 주님의 일은 많지 않거나 하나뿐이다. 마리아는 좋은 몫을 택하였다. 그러니 아무도 그것을 그에게서 빼앗지 못할 것이다"(눅 10:41, 42).

예수께서는 마르다의 이름을 두 번 부르시는데, 여기에는 부드럽게 말씀하시는 분위기가 담겨 있다. 누가복음에서 예수께서 누군가에게 이름을 두 번 부르시며 말씀하시는 장면은 이곳과 다른 한 곳, 그렇게 딱 두 번 등장한다. "시몬아, 시몬아, 보아라. 사탄이 밀처럼 너희를 체질하려고 너희를 손아귀에 넣기를 요구하였다. 그러나 나는 네 믿음이 꺾이지 않도록, 너를 위하여 기도하였다. 네가 다시 돌아올 때에는, 네 형제를 굳세게 하여라"(눅 22:31, 32). 예루살렘을 바라보시며 슬퍼하시는 예수에게서도 사랑과 슬픔이 교차하는 비슷한 감정을 느낄 수 있다. "예루살렘아, 예루살렘아, 예언자들을 죽이고, 네게 파송된 사람들을 돌로 치는구나! 암탉이 제 새끼를 날개 아래에 품듯이, 내가 몇 번이나 네 자녀를 모아 품으려 하였더냐! 그러나 너희는 그것을 원하지 않았다"(눅 13:34).[7] 마르다에게 하신 예수의

---

7   대럴 보크는 예수께서 폭풍을 잠잠하게 하시기 전에, 제자들이 "선생님, 선생님"이라며 예수를 부른 것(눅 8:24)을 강렬한 감정을 전달하는 이중 부름의 또 다른 사례에 넣는다. 다음을 참고하라. Bock, *Luke*, 1042. 「누가복음 2」.

말씀에는 따뜻한 마음이 담겨 있다. 예수께서 오늘 영어로 말씀하셨다면, 이렇게 하셨을 것 같다. "오, 마르다!"

예수의 응답은 마르다가 방금 한 말과도 연결되고 또 수 세기 전에 있었던 말과도 연결된다. 그 직접적인 연결 고리는 문자 그대로의 음식과 영의 음식 사이에 있다. 마르다는 손님들에게 음식을 대접하고 있고, 마리아는 예수께 가르침을 받는 것으로 "좋은 몫"(바른 식사)을 택했다.[8] 그러나 예수의 말씀은 또한 히브리 찬송으로도 거슬러 올라간다. 시편 16편 5절에서 다윗은 이렇게 외친다. "아, 주님, 주님이야말로 내가 받을 유산의 몫입니다." 또 시편 73편에서 아삽은 이렇게 노래한다. "내가 주님과 함께하니, 하늘로 가더라도, 내게 주님 밖에 누가 더 있겠습니까? 땅에서라도, 내가 무엇을 더 바라겠습니까? 내 몸과 마음이 다 시들어 가도, 하나님은 언제나 내 마음에 든든한 반석이시요, 내가 받을 몫의 전부이십니다"(시 73:25, 26). 성경에서 가장 긴 시편도 이 요점을 되풀이한다. "주님은 나의 분깃"(시 119:57). 마르다는 예수께 음식을 대접함으로 자신이 예수를 섬기고 있다고 생각한다. 그러나 예수께서는 진짜 음식을 제공하는 이는 바로 자신이라고, 그리고 마리아가 자신의 식탁에 앉는 것이 옳다고 분명히 하신다.

누가복음에서 이 자매의 눈을 통해 우리가 본 예수는 어떤 이이신가? 여인들을 맞아들이시고 그분의 가르침을 배울 권리가 그들에

---

8   대럴 보크는 "바른 식사"(the right meal)를 "좋은 몫"의 의역으로 본다. 다음을 참고하라. Bock, *Luke*, 1042. 「누가복음 2」.

게 있다고 옹호해 주시는 예수를 우리는 본다. 우리는 또한 우리가 드릴 수 있는 것보다 우리에게 훨씬 많이 주시는 예수를 본다.

○ 예수께서 사랑하신 여인들

내가 유명인들을 잘 모른다는 사실에 놀라는 사람이 많다. 나는 비욘세와 아델도 한때 혼동했다. 한번은 톰 브래디가 야구 선수가 아니라는 걸 친구가 내게 설명해 주어야 했다. 내가 몇 년을 뉴잉글랜드에서 살았으면서도 말이다(톰 브래디는 2000년에서 2019년까지 뉴잉글랜드 패트리어츠 소속 미식축구 선수였다_옮긴이). 우리가 대화 중에 제삼자를 끄집어내는 방식은 이미 그 사람을 알고 있는지 아닌지에 따라 달라진다. 그리고 내 친구들은 그럴 때면 내가 전혀 모른다는 걸 전제하고서 다른 누군가를 이야기한다. 그러나 베다니의 마리아와 마르다를 소개할 때, 요한은 독자들이 이미 이 여인들에 대해 들어 본 적이 있다고 가정하고서 그렇게 한다.

> 한 병자가 있었는데, 그는 마리아와 그의 자매 마르다의 마을 베다니에 사는 나사로였다. 마리아는 주님께 향유를 붓고, 자기의 머리털로 주님의 발을 씻은 여자요, 병든 나사로는 그의 오라버니이다(요 11:1, 2).

1세기 유대 문화에서 여성은 종종 가까운 남성 친척과 어떤 관계에 있는지로 식별되었다. 그러나 요한은 이 방식을 뒤집어 나사로를 마르다와 마르다의 오라버니로 우리에게 소개한다. 요한은 마리아 (셋 중 막내였을 것이다)가 가장 잘 알려진 사람이라고 전제하고는, 독자들이 마리아에 관해서 이미 전에 들어 본 적 있다는 듯이 마리아가 한 일을 언급한다. (독자들이 이미 알고 있다고 요한이 가정하고 있는, 어떤 여자가 예수의 머리에 향유를 부은_옮긴이) 그 사건은 마태복음(26:6-13_옮긴이)과 마가복음(14:3-9_옮긴이)에도 기록되어 있으며, 요한복음에서는 바로 다음 장(12장_옮긴이)에 기록되어 있다. 우리는 이 사건을 간략하게 살펴볼 것이다. 그러나 여기, 요한복음 11장 첫머리에서 우리는 예수께 구조 신호(SOS)를 보내는 자매를 본다. "주님, 보십시오. 주님께서 사랑하시는 사람이 앓고 있습니다"(요 11:3).

이 메시지가 드러내고 있는 의미는 매우 깊다. 마리아와 마르다는 자기네 오라버니를 "나사로"라 부르지 않고 "주님께서 사랑하시는 사람"이라 부른다. 요한은 자신을 일러 "예수께서 사랑하시는 제자"라고 부른다(요 13:23; 19:26; 20:2; 21:7). 그러나 이 구절은 요한이 예수께서 사랑하신 유일한 사람이 아님을 드러내 보여 준다. 그리고 우리가 예수께서 남성 제자들을 가장 사랑하신다고 결론을 내리기 전에, 요한은 이 자매를 향한 예수의 사랑을 강조한다. "예수께서는 마르다와 그의 자매와 나사로를 사랑하셨다"(요 11:5). 요한이 여기서 사용하는 그리스어 단어는 **아가파오**(*agapao*)이다. 예수께서 자신을 향한 아버지 하나님의 사랑을 표현할 때 사용하신 바로 그 단어(요 10:17)다.[9] 예수께서는 이 남매를 정말 깊이 사랑하신다. 그런데 이 사랑은 예수께서 마리아와 마르다에게 하시는 말씀과는 어울리지 않는다. "예수께서는 마르다와 그의 자매와 나사로를 사랑하셨다. 그런데 예수께서는 나사로가 앓는다는 말을 들으시고도, 계시던 그곳에 이틀이나 더 머무르셨다"(요 11:5, 6). 이 순간에서 마리아와 마르다의 눈으로 예수를 본다면, 우리는 그네의 오라버니를 고치실 능력이 있지만, 그들이 울부짖을 때 바로 가지 않는 쪽을 택하시는 예수를 본다.

며칠이 지나도록 예수께서는 오지 않으신다. 자매는 오시는 게 위험해서 그러신다고 생각했을 수 있다. 베다니는 예루살렘에서 3.2킬로미터밖에 안 되는 거리였다. 그리고 예수께서는 그곳에 며칠을 더 머무시더니 제자들에게 유대 지방으로 다시 내려가자고 말씀하신다. 그러자 제자들이 질문한다. "선생님, 방금도 유대 사람들이 선생님을 돌로 치려고 하였는데, 다시 그리로 가려고 하십니까?"(8절) 그러나 마리아와 마르다가 보낸 전갈을 처음 받았을 때 예수께서 가지 않겠다고 마음먹으신 것은 생명에 위험을 느껴서가 아니었다. 오히려 예수께서는 하나님이 영광을 받으시고(4절), 제자들이 믿게 하려고(14, 15절) 지체하셨다.

예수께서 마침내 베다니에 도착하셨을 때, 나사로는 무덤에 있은

---

9   요한복음 기자는 예수께서 자신을 사랑하신 것을 묘사하면서 이 두 단어를 서로 다른 때에 사용한다. 요한복음 13장 23절, 21장 7, 20절은 아가파오(*agapao*)를 사용하고, 요한복음 20장 2절은 필레오(*phileo*)를 사용한다.

지 벌써 나흘이나 되었다. 마르다는 예수께서 오신다는 말을 듣고서 그분을 맞으러 나간다. 그러나 마리아는 집에 앉아 있다. 마르다가 예수께 말씀드린다. "주님, 주님이 여기에 계셨더라면, 내 오라버니가 죽지 아니하였을 것입니다. 그러나 이제라도, 나는 주님께서 하나님께 구하시는 것은 무엇이나 하나님께서 다 이루어 주실 줄 압니다"(21, 22절). 비상한 믿음을 보여 주는 말이다. 나사로는 이미 죽어 무덤에 있지만, 자기 주님이 그 오라버니를 살려 주실 수 있다는 걸 마르다는 안다. 우리는 예수께서 지금 당장 나사로의 무덤으로 가실 거라고 기대할 것이다. 그러나 그렇게 하지 않으시고 예수께서는 눈물로 얼룩진, 사랑하시는 이 여인에게 가르침을 주는 시간을 가지신다. "네 오라버니가 다시 살아날 것이다"(23절). 1세기 유대인들 가운데 많은 이가 마지막 심판의 날에 하나님이 죽은 그들을 살리실 것이라고 믿었다. 그래서 예수의 말씀에 마르다는 이렇게 반응한다. "마지막 날 부활 때에 그가 다시 살아나리라는 것은 내가 압니다"(24절). 그러나 마르다가 간절히 바라는 것은 마지막 날의 부활이 아니다. 마르다는 예수께 기별을 보내 나사로를 고쳐 달라고 했었다. 마르다는 자기 주께서 오라버니에게 다시 생명을 주시길 원한다. 예수께서는 성경 전체에서 가장 놀라운 말씀에 속하는 몇 마디를 하신다. "나는 부활이요 생명이니, 나를 믿는 사람은 죽어도 살고, 살아서 나를 믿는 사람은 영원히 죽지 아니할 것이다. 네가 이것을 믿느냐?"(25, 26절)

이 장면은 '예수는 **그냥** 좋은 선생'이라는 생각이 복음서에서 싸

구려 그릇처럼 박살이 나는 몇 장면 가운데 하나다. 좋은 선생은 자신이 부활과 생명이라고, 생명의 근원 자체라고, 그가 없는 삶은 죽음이라고, 그리고 그가 함께한다면 죽음조차 생명이라고 주장할 수 없다. 지금 마리아 앞에서 예수께서는 그분을 믿는 믿음이 죽음마저 이길 수 있다고 분명하게 말씀하신다. 예수께 맡기는 마르다의 믿음은 단지 목적을 위한 수단, 곧 자기 오라버니를 되찾으려는 수단이 아니다. 그 믿음은 바로 마르다 자신의 생명이 비롯되는 원천이다.

신실한 유대인이기도 한 마리아는 틀림없이 예수의 말씀에서 여러 세기 전에 하나님이 모세에게 하신 말씀이 메아리치는 소리를 들었을 것이다. 하나님은 모세를 부르셔서 이집트로 돌아가 하나님 백성을 해방하라고 하셨다. 모세가 하나님의 이름을 알려 달라고 하자 주님은 "나는 곧 나다"라고 대답하신 다음에 "너는 이스라엘 자손에게 이르기를, '나'라고 하는 분이 너를 그들에게 보냈다고 하여라"(출 3:14)라고 말씀하셨다.[10] 요한복음에서 예수께서는 하나님의 이 거룩한 이름을 거듭 일깨우신다. "나는 생명의 빵이다"(요 6:35, 41, 48, 51), "나는 세상의 빛이다"(요 8:12), "아브라함이 태어나기 전부터 내가 있다"(요 8:58), "나는 양이 드나드는 문이다"(요 10:7, 9), "나는 선한 목자이다"(요 10:11, 14), "나는 길이요, 진리요, 생명이다"(요 14:6), "나는 참

---

10 '여호와'(*Yahweh*)로 음역된 하나님의 이름은 "나는 나다"(I AM)라는 표현에 사용된 히브리어 "to be" 동사의 한 형식이다. 하나님의 언약의 이름은 거룩하므로 입 밖에 내는 것이 금지되었다. 대신에, 그들은 '나의 주'라는 의미의 '아도나이'(*Adonai*)로 대체했다. 구약의 그리스어 역본은 '여호와'를 '주'(Lord)를 의미하는 그리스어 '퀴리오스'(*kurios*)로 옮겼다. 이 관례를 따라 영어 성경 대부분은 작은 대문자 형태의 '주'(the LORD)로 대체하고 있다.

포도나무이다"(요 15:1, 5). 예수의 "나는 ······이다"(I am) 선언은 거의 다 무리에게 하신 말씀이다. 마르다에게 하신 "나는 부활이요 생명이다"라는 선언은 두 번의 예외 중 하나다. 3장에서 자세히 보게 될 것인데, 개인에게 하신 또 한 번의 "나는 ······이다" 선언도 여인에게 하신 말씀이다. 마르다는 마리아가 다른 제자들과 함께 예수의 발 곁에 앉아 있는 걸 보고 불평했었다. 이제 놀라운 은혜의 행동 가운데서 예수께서는 세상을 바꾸는 가장 놀라운 말씀 중 하나를 마르다에게만 들려주신다.

베다니에 가시기 전에 예수께서는 제자들에게 나사로가 죽었을 때 자신이 거기에 있지 않은 것이 제자들에게는 도리어 잘된 일이라 기쁘다고 하시면서 그 일로 말미암아 제자들이 믿게 될 것이라고 말씀하셨다(요 11:14, 15). 그러나 바로 지금 예수께서는 그토록 놀라운 주장을 하시고는 마르다에게 대답을 요구하신다. "네가 이것을 믿느냐?" 마르다는 말씀드린다. "예, 주님! 주님은 세상에 오실 그리스도이시며, 하나님의 아들이심을, 내가 믿습니다"(27절).

힘든 일이 있을 때, 나는 종종 예수님의 주장을 중얼거리며 나 자신에게 질문한다. 몇 년 전, 극심한 관계 혼란을 겪는 시기에 마음의 바닥이 무너지는 것을 느꼈을 때, 나는 침실 화장대 앞에 선 채 "나는 부활이요 생명이다"라고 되뇌었다. "이 말씀을 믿니?" 그것이 사실이라면 이 땅에서 살면서 일어날 수 있는 어떤 일도 나에게서 영원한 생명을 빼앗을 수 없다. 그리고 거짓이라면, 어쨌든 지구상의 내 삶에서 궁극적으로 중요한 것은 없다. 모든 것이 죽음으로 끝나든지, 아니면 예수가 부활이요 생명이든지 둘 가운데 하나다.

바로 이 지점에서 우리는 마르다의 눈을 통해 어떤 예수를 보는 가? 우리는 마르다의 오라버니에게 다시 생명을 주시는 예수를 본 다. 그러나 또한 우리가 여기서 보는 예수는 부활이요 생명이신 예 수시다. 하나님이 모세에게 "나는 나"라고 간결하게 당신을 드러내 셨듯이, 예수께서는 마르다에게 자신을 생명이신 이로 드러내신다. 예수를 믿는다는 것은 곧 산다는 것이다. 예수께서 좋은 선생이 아 니라는 말은 아니다. 마르다는 마리아를 부르러 가서 이렇게 말한 다. "선생님께서 와 계시는데, 너를 부르신다"(28절). 태양이 빛의 근 원이듯이 분명 예수께서는 좋은 선생이시다. 그러나 예수께서는 좋 은 선생이기만 하신 이가 아니다. 우리가 사는 지구가 태양을 공전 하듯이, 우리는 하나님의 아들, 우리를 죽음에서 생명으로 불러내려 고 오신 그리스도를 우리 삶의 중심에 두고 살아야 한다.

○ 예수께서 우시다

우리는 예수의 말씀을 이 세상에서 더 손해 볼 것 없이 관심을 끊으 라는 뜻으로 결론 내리기 쉽다. 예수께서 부활이요 생명이라면, 상 처 주는 모든 것에서 물러나고 고통에서 벗어나자. 불교에서 가르치 는 것처럼 고통의 뿌리가 집착이라면, 우리는 어쩌면 그 뿌리를 뽑 아 버리고 고통의 썩은 치아를 제거할 수 있을 것이다. 그러나 요한은 우리가 그런 추론을 하도록 내버려 두지 않는다. 예수께서 자기를 부르신다는 말을 듣고, 마리아는 급히 일어나서 예수께로 갔다 (요 11:29). 그때까지도 예수께서는 동네에 들어가지 않고 그냥 서 계셨다. 열정의 마르다는 이미 예수를 마주하고 있었다. 예수께서 계신 곳으로 온 마리아는 그 발 아래에 엎드려서 마르다가 한 말을 그대로 했다. "주님, 주님이 여기에 계셨더라면, 내 오라버니가 죽지 않았을 것입니다"(32절). 이 탄식하는 소리에 예수께서는 어떻게 반응하시는가? 마리아가 우는 것과, 마리아와 함께 온 다른 유대인들도 우는 걸 보신 예수께서는 "마음이 비통하여 괴로워하셨다"(33절). 예수께서는 나사로를 어디에 두었는지 물으신다. 그리고 그분은 눈물을 흘리신다(35절).

이 순간 마리아의 붉어진 눈시울을 통해 우리가 보는 예수는 어떤 이이신가? 우리는 이 여인의 오라버니를 구하실 수 있었지만 죽게 내버려 두신 예수를, 또한 이 여인의 고통에 함께하며 우시는 예수를 본다. 곁에 서 있던 몇몇 사람은 예수의 낯에 서린 눈물을 보고는 "보시오, 그가 얼마나 나사로를 사랑하였는가!"(36절) 하고 말했다. 그러나 그 가운데는 마땅히 해 볼 만한 질문을 하는 이들도 있었다. "눈먼 사람의 눈을 뜨게 하신 분이, 이 사람을 죽지 않게 하실 수 없었단 말이오?"(37절) 그들이 던진 질문에 대한 대답이 "그렇게 하실 수 있었다"라는 것을 마리아는 알고 있다. 그러나 예수께서는 마리아의 고통에 무심하지 않으시며, 오히려 이 여인의 고통 가운데로 들어가신다.

당신이 조금 연륜 있는 그리스도인이라면, 하나님에게 도와달라고 부르짖었는데도 아무런 도움을 받지 못한 때가 있었을 것이다. 고쳐 달라고 기도했지만, 그런 일은 일어나지 않았다. 와 달라고 했지만, 예수께서는 당신을 혼자 내버려 두셨다. 그러나 예수께서는 긴 기다림 끝에 마침내 마리아에게 오셨고, 이 여인과 함께 우신다. 예수께서는 무정했기 때문에 멀리 떨어져 계셨던 것이 아니다. 다정하셨기에 멀리 떨어져 계셨던 게다. 예수께서 이 남매에게, 마음 깊이 사랑하는 이들에게 주실 수 있는 최고의 것은 그들의 기도에 즉각 응답하는 게 아니었다. 바로 예수께서 그 자신을 드러내 보여 주시는 것이었다.

예수께서는 다시 비통해하시며 나사로의 무덤에 가서서, 무덤 입구를 막아 놓은 돌을 치우라고 말씀하신다. 마르다가 꺼림칙하게 여쭌다. "주님, 죽은 지가 나흘이나 되어서, 벌써 냄새가 납니다"(39절). 나사로는 죽어 장사를 지냈고 지금 무덤에서 썩어 가고 있다. 그러나 예수께서는 말씀하신다. "네가 믿으면 하나님의 영광을 보게 되리라고, 내가 네게 말하지 않았느냐?"(40절) 그래서 그들은 돌을 굴려 옮겨 놓는다. 예수께서는 돌을 옮기는 것을 지켜보고 있는 무리를 위해서 기도하신다. 그리고 큰 소리로 외치신다. "나사로야, 나오너라"(41-43절). 그러자, 요한이 기록하기를, "죽었던 사람이 나왔다. 손발은 천으로 감겨 있고, 얼굴은 수건으로 싸매여 있었다"(44절).

무덤에서 걸어 나오는 오라버니를 보고 있는 마리아와 마르다의 눈을 통해 우리가 보는 예수는 어떤 이이신가? 우리는 환난 중에 있는 우리와 함께 우시는 예수를 본다. 그러나 우리는 또한 죽은 자를 되살리실 수 있는 예수를 본다. 나사로를 살리시는 예수의 능력은 마르다에게 분명하게 말씀하신, "**나는** 참으로 부활이요 생명**이다**"라는 놀라운 주장을 뒷받침한다. 이것을 목격한 유대 사람들 가운데 많은 사람이 예수를 믿는다(45절). 그러나 그 가운데 몇몇은 바리새파 사람들에게 가서 예수께서 하신 그 일을 알린다(46절). 이로써 대제사장들과 바리새인들이 모여 예수를 죽일 음모를 꾸미게 된다. 그러나 이것은 비참한 국면으로 전환되는 게 아니다. 이제 예수의 계획 속에 있는 다음 단계로 나아간다. 부활이요 생명이신 이가 죽으러 가신다.

○ 장례를 위해 향유를 붓다

앞에서 살펴본 것처럼, 요한은 마리아와 마르다를 소개하면서 이렇게 말한다. "마리아는 주님께 향유를 붓고, 자기의 머리털로 주님의 발을 씻은 여자요, 병든 나사로는 그의 오라버니이다"(요 11:2). 이것은 분명히 잘 알려진 사건이다. 그러나 요한이 전하는 이야기는 마태의 이야기, 마가의 이야기와는 눈에 확 띄게 다르다. 마가는 이 이야기 첫 부분을 다음과 같이 들려준다.

예수께서 베다니에서 나병 환자였던 시몬의 집에 머무실 때에,

　　　　　　　　　　　　　　　　　　2장 · 제자

음식을 잡수시고 계시는데, 한 여자가 매우 값진 순수한 나드 향유 한 옥합을 가지고 와서, 그 옥합을 깨뜨리고, 향유를 예수의 머리에 부었다(막 14:3).

마가와 마태처럼, 요한도 이 장면을 베다니에 둔다. 그러나 마가와 마태는 그 주인을 "나병 환자 시몬"이라 이르는데, 요한은 그 주인을 전혀 언급하지 않는다.

유월절 엿새 전에, 예수께서 베다니에 가셨다. 그곳은 예수께서 죽은 사람 가운데에 살리신 나사로가 사는 곳이다. 거기서 예수를 위하여 잔치를 베풀었는데, 마르다는 시중을 들고 있었고, 나사로는 식탁에서 예수와 함께 음식을 먹고 있는 사람 가운데 끼여 있었다. 그때에 마리아가 매우 값진 순 나드 향유 한 근을 가져다가 예수의 발에 붓고, 자기 머리털로 그 발을 닦았다. 온 집 안에 향유 냄새가 가득 찼다(요 12:1-3).

그 여인의 이름을 밝히지 않은 마태나 마가와 달리, 요한은 향유를 부은 여인을 베다니의 마리아라고 밝힌다. 이 여인이 향유를 예수의 머리에 부었다고 말하지 않고, 요한은 이 여인이 예수의 발에 향유를 부었다고 말한다. 이 이야기를 전하는 데 나타나는 차이를 면밀하게 살펴보면, 영화감독마다 자기만의 장면을 만들어 내듯이, 복음서 기자들이 그들의 자료를 선별하고 배치하는 방식을 이해하는 데 도움이 된다.

첫째, 마리아와 마르다, 나사로 셋 다 요한의 버전에 등장한다는 사실(그리고 누구보다도 부지런한 마르다가 시중을 들고 있다는 사실까지도)을 가지고 그들이 그 저녁 식사를 대접하는 주인이라고 해석할 필요는 없다(2절). 오히려 나사로가 예수와 더불어 기대어 앉아 있는 사람들 가운데 있다는 점은 그가 집주인이 **아님을** 설핏 내비친다.[11] 마가가 "나병 환자 시몬"이라고 부르는 집주인은 예수께서 베푸신 치유의 능력을 경험했을 것이다. 그가 그때도 나병 환자였다면 만찬을 접대하지 못했을 것이다. 짐작건대, 베다니에 터전을 잡고 있던 여러 제자가 주님을 대접하려고 모였을 것이다. 그러나 마가와 마태는 그 여인이 예수의 머리에 향유를 부었다고 말하고, 요한은 그 여인이 예수의 발에 향유를 부었다고 말하는 이 사실을 우리는 어떻게 받아들여야 할까? 다시 말하지만, 그렇다고 이것이 모순된다고 볼 필요는 없다. 마가의 버전에서 예수께서는 "이 여자가 내 몸에 향유를 부었다"고 말씀하시는데, 이는 그 여인이 예수의 머리에만 향유를 부은 것이 아님을 암시한다(막 14:8). 그러나 마가와 마태가 우리의 관심을 예수의 머리에 기름 부은 것에 집중시키는 반면(이는 구약에서 왕의 머리에 기름 붓는 모습을 떠올리게 한다), 요한은 예수의 발에 기름 붓고 자신의 머리카락으로 그분의 발을 닦아 드리는 마리아의 겸손한 헌

---

11 다음을 참고하라. Craig L. Blomberg, *The Historical Reliability of John's Gospel* (Downers Grove, IL: IVP Academic, 2001), 176.

2장 · 제자

신을 강조한다.[12]

세 복음서의 이야기 모두에서 그 여인은 그런 행동을 했다는 이유로 비난받고 예수께서는 그 여인을 강력하게 변호하신다. 마가는 이렇게 기록하고 있다.

> 몇몇 사람이 화를 내면서 자기들끼리 말하였다. "어찌하여 향유를 이렇게 허비하는가? 이 향유는 삼백 데나리온 이상에 팔아서, 그 돈을 가난한 사람들에게 줄 수 있었겠다!" 그리고는 그 여자를 나무랐다. 그러나 예수께서 말씀하셨다. "가만두어라. 왜 그를 괴롭히느냐? 그는 내게 아름다운 일을 했다. 가난한 사람들은 늘 너희와 함께 있으니, 언제든지 너희가 하려고만 하면, 그들을 도울 수 있다. 그러나 나는 언제나 너희와 함께 있는 것이 아니다. 이 여자는, 자기가 할 수 있는 일을 하였다. 곧 내 몸에 향유를 부어서, 내 장례를 위하여 할 일을 미리 한 셈이다. 내가 진정으로 너희에게 말한다. 온 세상 어디든지, 복음이 전파되는 곳마다, 이 여자가 한 일도 전해져서, 사람들이 이 여자를 기억하게 될 것이다"
> (막 14:4-9; 또한 마태복음 26장 6-13절도 보라).

예수의 변호의 지나침은 마리아의 행동의 지나침과 딱 맞는다. 예수께서는 그 여인이 "아름다운 일"을 했다고 말씀하시고, 온 세상

---

12   다음을 참고하라. Bauckham, *Beloved Disciple*, 188.

어디든지 복음이 전파되는 곳마다 그 여인의 이야기가 전해져 그 여인을 기억하게 될 것이라고 예언하신다. 그러나 예수께서 머리에 기름 부음을 받으신 것은 당신의 왕권을 인정받으려는 것이 아니었다. 예수께서는 장사 지냄을 받고자 그 기름 부음을 받으신다. 예수께서는 죽음을 바라보고 계신다. 예수께서는 당신의 나라에 이르는 길은 십자가를 통과해야 한다는 것을 아신다. 요한복음은 예수께 기름 부은 여인이 베다니의 마리아라고 밝히고 있을 뿐만 아니라, 그 여인을 비난한 사람들도 밝히고 있다.

> 예수의 제자 가운데 하나이며 장차 예수를 넘겨줄 가룟 유다가 말하였다. "이 향유를 삼백 데나리온에 팔아서 가난한 사람들에게 주지 않고, 왜 이렇게 낭비하는가?" (그가 이렇게 말한 것은, 가난한 사람을 생각해서가 아니다. 그는 도둑이어서 돈 자루를 맡아 가지고 있으면서, 거기에 든 것을 훔쳐내곤 하였기 때문이다.) 예수께서 말씀하셨다. "그대로 두어라. 그는 나의 장사 날에 쓰려고 간직한 것을 쓴 것이다. 가난한 사람들은 언제나 너희와 함께 있지만, 나는 언제나 너희와 함께 있는 것이 아니다"(요 12:4-8).

예수를 향한 베다니의 마리아의 신실한 헌신은 유다의 배반과 극명하게 대조된다. 마리아가 예수께 사랑을 바치는 데 아낌없이 돈을 쓸 때, 유다는 예수께서 사역에 쓰실 돈을 훔친다(그 돈은 요안나 같은 제자들이 드린 돈이었을 것이다). 그리고 예수의 대적들에게 돈을 받고 그

　　　　　　　　　　　　　　　　　　　　　　　2장 · 제자

분을 배신한다. 베다니의 마리아는 가룟 유다가 마땅히 제자로서 해야만 하는 일을 한 제자다.

마가의 기록에서는, 마리아도 유다도 이름이 언급되지 않으면서도, 유다와 그 여인의 상반된 모습이 잘 그려져 있다. 마가는 종종 어떤 이야기를 다른 이야기에 삽입하는 식으로 두 이야기의 연결을 강조한다. 여기서도 예수께 기름 부은 여인에 대한 마가의 이야기는 예수를 배반한 유대인들의 이야기(대제사장들과 율법 학자들은 '어떻게 속임수를 써서 예수를 붙잡아 죽일까' 하고 궁리하고 있었다[막 14:1])와 예수를 넘겨주는 대가로 돈을 요구하는 유다(막 14:10, 11) 사이에 끼어 있다. 예수께서 예언하신 대로, 베다니의 마리아는 오늘에도 그가 한 일로 기억되고 있다. 그리고 유다도 마찬가지다. 사실, 요한은 예수께서 말씀하신 것에서 여러 부분을 뽑아내어 그분의 반응을 짧게 요약하는데, 이 순간에 그가 마리아의 이름을 거론하는 것은 그 여인이 항상 그의 행동으로 기억될 것이라는 마가가 기록한 예언을 성취한다.

우리가 베다니의 마리아를 통해 보는 예수는 어떤 이이신가? 이 여인의 아낌없는 사랑을 받을 자격이 있는 예수를, 그분을 위한 것이라면 그 무엇도 낭비라 할 수 없는 예수를 본다. 이 여인을 비난으로부터 다시 한 번 변호하시는 예수를 본다. 이 여인의 행동에서 이 여인의 아름다움을 보시는, 이 여인의 사랑을 영광스럽게 인정하시는(막 14:6-9) 예수를 본다. 마리아는 예수께서 베다니에 있는 마르다의 집에 처음 오셨을 때 "예수님의 발 곁에 앉았다"(눅 10:39). 마리아는 나사로가 죽은 뒤에 예수께서 그 여인의 집에 오셨을 때 "그분의 발 아래에 엎드려서" 울었다(요 11:32). 이제 마리아는 그 예수의 발에 향유를 붓고 자신의 머리카락으로 그분의 발을 닦는다(요 12:3). 베다니의 마리아는 자신이 있어야 할 자리를 안다. 예수의 발 곁, 곧 제자가 있어야 할 자리다.

막달라 마리아, 요안나, 수산나, 그리고 다른 여러 여인과 달리, 베다니의 마리아와 마르다는 예수와 함께 여행하지는 않았다. 그러나 그들은 그러함에도 그분을 따르는 가장 가까운 사람들에 속했다. 이 자매에게서 우리는 예수께서 사랑하신 두 여인을 본다. 한 여인은 그분의 영원히 변치 않는 칭찬을 받았다. 또 한 여인은 그분이 하신 말씀 가운데서 가장 놀라운 말씀을 받았다. 예수께는 여성 제자들이 있었을까? 그렇다. 절대적으로 예수께는 여성 제자들이 있었다. 그리고 2,000년이 지난 지금도 복음이 읽히는 세상 곳곳에 그들의 이야기가 전해지고 있다.

✦✦✦ 토론 질문 ✦✦✦

○ 첫걸음

소셜 미디어에서 포스팅을 보거나, 책을 읽거나, 쇼를 보고 듣거나, 작품을 소비하는 것으로 당신이 '팔로우'하는, 좋아하는 사람은 누구입니까?

1   복음서에서 누군가의 이름을 거명한다면 그것은 그 사람을 어떻게 대한다는 뜻일 때가 많습니까? 이러한 점은 예수를 따른, 이름이 기록된 여인들의 이야기를 이해하는 데에 어떤 영항을 끼칩니까?

2   어떤 여인들이 예수의 제자가 되었습니까?

3   우리는 막달라 마리아에 대해 어떤 것을 알고 있습니까? 어떤 이유에서 막달라 마리아는 있을 법하지 않은 제자입니까?

4 누가복음에 요안나가 포함되어 있다는 사실은 예수께서 여성 제자들을 대하신 방식에 대한 통상의 가정을 어떻게 반박합니까?

5 이 장에 나오는 여인들은 '예수의 제자(disciple) 또는 따르는 자(follower)가 된다'는 의미를 이해하는 데 당신에게 어떤 영향을 끼칩니까?

6 하나님이 당신의 기도에 당신이 바라는 대로 응답하지 않으셔서 하나님과 씨름한 적이 있습니까? 나사로의 죽음을 전후로 예수께서 마리아, 마르다 자매에게 보이신 행동은 당신이 그와 같은 비탄에 빠졌을 때 당신에게 어떤 영향을 끼치게 될까요?

7 당신은 예수께 무언가를 숨기고 싶은 유혹을 받은 적이 있습니까? 마리아가 예수께 값비싼 향유를 부어 드린 이야기는 당신이 하나님에게 아낌없이 예배드리는 데 어떤 영향을 끼쳤습니까?

8 당신이 이 여인들의 눈을 통해 예수를 볼 때, 그분의 어떤 점이 당신에게 가장 의미 있게 다가옵니까?

2장 · 제자

요한복음 11장 1-44절을 읽으십시오.

1   이 구절에 "죽다" 또는 "죽음"이라는 단어가 몇 번 나옵니까?

2   4절에서 예수께서는 나사로의 병을 두고 어떻게 말씀하십니까? 14절에
    나오는 예수의 말씀은 어떤 점에서 모순되는 것 같습니까? 25절과 44절은
    이 긴장을 어떻게 해결합니까?

3   4-6절, 15절, 25-27절, 40-42절에 근거하여 볼 때, 예수께서는 왜 나사로
    를 죽게 두셨습니까? 이 사건들은 예수 그리스도의 제자가 된다는 것의 본
    질을 어떻게 보여 주고 있습니까?

3장

양식

"밥 싫어."

세 살 된 루크가 새로운 단계를 통과하고 있다. 점심 먹을 때가 되면 "밥 싫어." 아이 앞에 컵을 놓으면 "물 싫어." 은밀하게 속삭이기도 한다. "사람 싫어." 하지만 저녁 식사로 파스파를 준비했다는 말을 듣고는 금세 이런다. "엄마 사랑해! 돼지처럼 행복할 거야!"

우리는 자신의 감정을 루크처럼 세게 표현하지는 않을 테지만, 음식을 대하는 감정이 다들 복잡하지 싶다. 맛있는 음식은 우리에게 기쁨을 선사한다. 특히 사랑하는 사람들과 함께할 때 그렇다. 그러나 어두운 구석도 있다. 날씬한 여성과 무지방 근육질 남성을 이상으로 여기는 세상에서 우리는 신체 이미지 스트레스에 시달리고 있다. 우리는 편안함을 위해 또는 고통을 덜고자(통제의 환상이나 탈출 수

단을 얻으려고) 먹거나 마실 거리를 찾는다.

복음서의 배경이 되는 1세기 근동 세계는 내가 살고 있는 21세기 서구 세계와 매우 달랐다. 음식을 준비해야 하는 당시 여성들에게 가장 시급한 질문은 "너무 많지 않을까?"가 아니라 "충분할까?"였다. 이것은 오늘의 세계에서도 여전히 적지 않은 여성들에게 걱정거리다. 그러나 우리가 궁핍 때문에 힘들어하건 과잉 때문에 고민하건, 영양에 대한 인간의 기본 욕구는 시공간을 넘어 우리를 모든 사람과 이어 준다. 이 장에서 우리는 예수께서 늘 음식을 걱정해야 하는 여성들과 나누신 대화 넷을 살펴볼 것이다. 예수께서 여인들과 영혼의 물과 빵과 포도주를 이야기하실 때, 우리는 그 여인들의 눈을 통해 모든 참된 양식의 원천이 되시는 예수를 본다. 우리는 또한 우리의 최고와 최악을 진정으로 아시는 예수를, 소셜 미디어를 사로잡거나 노인 세대가 주입하는 어떤 정체성과도 다른 정체성을 우리에게 주시는 예수를 본다.

○ 물을 포도주로

남편과 나는 결혼식을 두 번 올렸다. 먼저 6월에 영국 케임브리지에서 한 번 올렸고, 10월에 미국 오클라호마시티에서 또 한 번 결혼식을 올렸다. 영국에서는 결혼식에 술이 따라 나온다. 이곳에서는 신부 가족이 결혼식 비용을 지불하고 신랑 가족이 포도주 비용을 대는 전통이 있다. 하지만 브라이언이 자란 오클라호마시티에서는 그리스도인들이 술을 전혀 마시지 않는 강한 전통이 있어서 우리의 오클라호마시티 결혼식은 좀 무미건조했다. 난 둘 다 이해한다. 성경은 술 취하지 말라고, 또 술이 인생과 가족을 송두리째 망칠 수 있다고 분명하게 경고한다.[1] 또 여러 군데서 금주를 현명한 태도로 권고한다. 그런데 요한복음에 기록된 첫 번째 기적은 치유나 부활이 아니라, 예수께서 혼인 잔치에서 몇 항아리나 되는 물을 최상급 포도주로 바꾸신 이야기다.

이 이야기는 요한복음에서 예수의 어머니 마리아를 처음으로 언급한 사건이다. 예수와 마리아는 둘 다 나사렛 북쪽의 작은 마을 가나에서 열린 혼인 잔치에 참석했는데, 마침 그 잔치 자리에 포도주가 떨어졌다. 마리아는 자기 아들을 보더니 "포도주가 떨어졌다"(요 2:3)고 말한다. 이에 대한 예수의 대답이 우리에게 이상하게 들린다. "여자여, 그것이 나와 당신에게 무슨 상관이 있습니까? 아직도 내 때가 오지 않았습니다"(4절). 예수께서 자기 어머니를 "여자"라고 부르는 이 상황 앞에서 우리는 그분이 무례하다고 생각하게 된다. 그러나 그렇지 않다. 받는 느낌이 같지는 않지만, 미국 영어에서 누군가를 "맨"(man)이나 "걸"(girl)이라고 부를 때 친근하게 느끼고 딱딱하지 않게 받아들이듯이, 1세기 유대 문화에서 누군가를 "여자"라고 부를 때 그건 얕잡아 부르는 말이 아니다. 예수께서 하신 이 말씀을 좀 더

---

1   예를 들어, 에베소 교회에 보내는 서신에서 사도 바울은 이렇게 말한다. "술에 취하지 마십시오. 거기에는 방탕이 따릅니다. 성령의 충만함을 받으십시오"(엡 5:18).

직역에 가깝게 번역하면 이럴 것이다. "그게 나와 당신에게 무슨 상관이지요?" 예수께서도, 그분의 어머니도 그 혼인 잔치를 연 주인이 아니다. 그러니 포도주가 떨어진 건 이들이 해결해야 할 문제가 아니다. 그런데 예수께서는 이상한 말씀을 덧붙이신다. "아직도 내 때가 오지 않았습니다." 요한복음에서 예수의 '때'는 그분의 십자가 처형을 가리킨다.[2] 아마도 예수께서는 지금 자신이 능력을 드러내면 죽임당할 그런 문제를 일으킬 수 있고, 그리고 아직은 그럴 때가 아니라는 뜻으로 이렇게 말씀하셨을 것이다. 그러나 마리아는 예수께 무어라 대답하는 대신에 일꾼들에게 "무엇이든지, 그가 시키는 대로 하세요"(5절)라고만 말한다. 마리아는 예수께서 어떻게 하라고 하실지 모른다. 그러나 이 여인은 예수의 지시를 온전히 신뢰하는 것이 올바른 반응이라는 걸 알고 있다.

예수께서는 일꾼들에게 75-115리터짜리 항아리 여섯 동이에 물을 가득 채우라고 말씀하신다. 항아리에 물이 다 차면, "이제는 떠서, 잔치를 맡은 이에게 가져다주어라"(8절)라고 예수께서는 말씀하신다. 잔치를 맡은 이는 그 포도주를 맛보고 신랑을 불러 말한다.

---

2   요한복음 7장 30절과 8장 20절에서 예수께서는 "아직 그의 때가 이르지 않았기 때문에" 붙잡히는 것을 피하신다. 반면에 요한복음 12장 23절을 보면 십자가에 달릴 것을 알고 기다리시는 예수께서는 이렇게 말씀하신다. "인자가 영광을 받을 때가 왔다." 그리고 이렇게 말씀을 이어 가신다. "지금 내 마음이 괴로우니, 무슨 말을 하여야 할까? '아버지, 이 시간을 벗어나게 하여 주십시오' 하고 말할까? 아니다. 나는 바로 이 일 때문에 이 때에 왔다"(12:27). 또한 다음 말씀들도 참고하라. "유월절 전에 예수께서는, 자기가 이 세상을 떠나서 아버지께로 가야 할 때가 된 것을 아시고……"(13:1), "아버지, 때가 왔습니다. 아버지의 아들을 영광되게 하셔서, 아들이 아버지께 영광을 돌리게 하여 주십시오"(17:1).

"누구든지 먼저 좋은 포도주를 내놓고, 손님들이 취한 뒤에 덜 좋은 것을 내놓는데, 그대는 이렇게 좋은 포도주를 지금까지 남겨 두었구려!"(10절) 그 잔치에 포도주를 제공할 책임은 신랑에게 있었을 것이다. 그러나 예수께서 신랑의 역할에 개입하셔서 처음에 하객들이 마신 포도주보다 **더 많은**, 그것도 **더 좋은** 포도주를 제공하신다. 예수께서 누구신지, 그분의 정체성에 대한 이러한 암시는 요한복음의 다음 장에서 더 완전하게 발전되는데, 여기서 세례 요한은 예수를 일러 이렇게 말한다.

> 신부를 차지하는 사람은 신랑이다. 신랑의 친구는 신랑이 오는 소리를 들으려고 서 있다가, 신랑의 음성을 들으면 크게 기뻐한다. 나는 이런 기쁨으로 가득 차 있다(요 3:29).[3]

구약은 하나님을 사랑이 많고 신실한 남편으로, 이스라엘을 매우 자주 신실하지 않은 아내로 묘사한다.[4] 신약에서 예수께서는 신랑으로 오신다. 물을 포도주로 바꾸신 예수의 기적은 신랑으로서 그분의 정체성을 가리키며, 또한 그분의 백성에게 기쁨으로 공급하시는 하나님을 가리킨다. 성경은 기름진 음식과 잘 익은 포도주가 차려질 미

---

3   마가복음에서 바리새인들이 예수께 왜 그분의 제자들은 금식하지 않는지 묻자 예수께서는 이렇게 되물으신다. "혼인 잔치에 온 손님들이, 신랑과 함께 있는 동안에 금식할 수 있느냐?"(막 2:19)

4   예를 들면, 이사야 54장 5절, 예레미야 2장 2절, 3장 1절, 호세아 2장, 에스겔 16장.

래의 풍성한 잔치를 약속한다. 그 예로, 이사야는 이렇게 선포한다.

> 만군의 주님께서 이 세상 모든 민족을 여기 시온산으로 부르셔서, 풍성한 잔치를 베푸실 것이다. 기름진 것들과 오래된 포도주, 제일 좋은 살코기와 잘 익은 포도주로 잔치를 베푸실 것이다(사 25:6).[5]

하나님이 만드신 다른 많은 것과 마찬가지로, 가장 풍성하게 차린 먹을 것과 마실 것은 우리에게 베푸시는 하나님의 아낌없는 사랑을 보여 준다. 가나의 혼인 잔치를 위해 가장 좋은 포도주를 제공하시는 예수께서는 미래의 잔치, 곧 우리의 갈증이 모두 해소되고 웃음, 연결, 기쁨에 대한 우리의 열망이 채워질 잔치의 근원이 되심을 보여 준다.

예수의 어머니 마리아는 그분이 무엇이든 할 수 있는 분이라는 걸 알고 있다. 그래서 그분을 찾는다. 그러나 요한복음에서 예수께서 그다음으로 대화를 나누시는 여인은, 그분을 전혀 모르는 완전히 낯선 사람이다.

---

5   또한 이사야서에 나오는 주님의 초청을 보라. "너희 모든 목마른 사람들아, 어서 물로 나오너라. 돈이 없는 사람도 오너라. 너희는 와서 사서 먹되, 돈도 내지 말고 값도 지불하지 말고 포도주와 젖을 사거라"(사 55:1).

우리는 예수께서 자신의 어머니와 나눈 대화가 여성과 나눈 가장 긴 대화일 것이라고 예상할 수 있다. 미혼의 랍비가 대화를 나누기에 (그것도 특히 사사로이 대면한 자리에서) 가장 적합한 여성은 결국 자신의 어머니일 테니 말이다. 그러나 복음서에 기록된 예수의 가장 긴 사적인 대화 상대는 유대인 남자라면 어떻게든 피했을 그런 여인이다. 이 여인은 요한복음에서 예수께서 자신을 그리스도라고 분명하게 드러내신 첫 번째 인물이자, 존경받는 랍비가 혼자서 함께 시간을 보내면 안 될 인물이다.

예수와 제자들이 유대(남쪽)에서 갈릴리(북쪽)로 돌아가는 길에 사마리아 마을 근처에 들른다. 사마리아는 유대와 갈릴리 사이에 있지만, 유대인들은 그곳을 피해 우회로를 택했다. 유대인과 사마리아인 사이에 존재하는 적개심 때문이다. 주전 722년 아시리아가 북이스라엘 왕국을 정복하면서 이스라엘 주민 대부분은 국외로 추방되었다. 그리고 남겨진 일부는 아시리아 제국의 다른 지역에서 이주하여 정착한 외국인과 통혼했다(왕하 17:24-41). 이 통혼으로 생겨난 사람들이 사마리아인이다. 유대인은 사마리아인을 인종으로도 종교로도 오염된 존재로 여겼다. 사마리아인도 유대인처럼 하나님을 예배했다. 하지만 사마리아인들은 성경의 처음 다섯 권만 인정했고, 시온산에 있는 예루살렘 성전에서 예배를 드리는 유대인들과 달리, 그리심산에 예루살렘 성전을 대체하는 성전을 지었다. 유대인들이 주전

128년에 이 사마리아 성전을 파괴하면서, 두 집단 사이의 적대감은 고착되었다. 그러나 예수께서는 제자들을 그 사마리아 영역에서 떼어 놓지 않으시고 오히려 그들을 데리고 그곳으로 들어가셨다.

정오가 되어 여행에 지치신 예수께서는 야곱의 우물가에 앉아 쉬신다. 물 긷는 일은 여성이 도맡아 하는 게 전통이었고, 여인들은 살갗을 태울 듯한 뜨거운 열기를 피해서 이른 아침이나 늦은 오후에 우물가로 나왔다. 그런데 정오에 예수께서 우물가에 앉으셨을 때, 한 사마리아 여인이 물을 길으러 왔다. 그리고 예수께서 그 여인에게 물을 달라고 하신다(요 4:7). 요한은 제자들이 먹을 걸 사러 마을에 들어갔다고 말함으로 긴장감을 높인다(8절). 예수 혼자 남으신 것이다. 예수께서는 여인에게 말을 거심으로 인종 분리선을 넘으신다. 더군다나 여인에게 마실 물을 달라고까지 하신다. 그 여인이 예수께 말한다. "선생님은 유대 사람인데, 어떻게 사마리아 여자인 나에게 물을 달라고 하십니까?"(9절) 이 상황이 얼마나 금기시되는 일인지 잘 모를 독자들을 위해서, 요한은 "유대 사람은 사마리아 사람과 상종하지 않기 때문이다"라는 해설을 덧붙인다. 바로 지금의 이 사마리아 여인의 눈을 통해 우리는 그 시대의 인종과 사회 장벽을 짓밟고 있는 유대인 남자 예수를 본다. 아마도 그 여인은 그분이 **진짜** 무얼 얻으려고 이러는지 궁금할 것이다. 그러나 예수께서는 그분이 얻을 수 있는 것을 얻으려고 거기에 계시는 것이 아니다. 자신이 줄 수 있는 것을 주려고 거기에 계신다.

예수께서 그 여인에게 대답하신다. "네가 하나님의 선물을 알고,

또 너에게 물을 달라는 사람이 누구인지를 알았더라면, 도리어 네가 그에게 청하였을 것이고, 그는 너에게 생수를 주었을 것이다"(요 4:10). 그 여인은 예수께서 자기에게 물을 달라고 하심으로 커다란 사회 격차를 넘어서고 있다는 사실에 놀란다. 그러나 예수께서는 **정말** 놀라야 할 것은 그가 그 여인에게 마실 물을 달라고 하신다는 것이라고 말씀하신다. '생수'는 신선한 샘물을 의미할 수 있다. 그러나 이 말에는 영적인 의미도 담겨 있다. 하나님은 선지자 예레미야의 입을 통하여 탄식하신다. "참으로 나의 백성이 두 가지 악을 저질렀다. 하나는, 생수의 근원인 나를 버린 것이고, 또 하나는, 전혀 물이 고이지 않는, 물이 새는 웅덩이를 파서, 그것을 샘으로 삼은 것이다"(렘 2:13). 뒤에 예레미야는 이렇게 선포한다. "주님에게서 떠나간 사람마다 생수의 근원이신 주님을 버리고 떠나간 것이므로, 그들은 땅바닥에 쓴 이름처럼 지워지고 맙니다"(렘 17:13). 예수께서는 문자 그대로 샘(泉) 가에 앉아서 신학적 요점 하나를 말씀하신다. 그분은 주님, 생수의 원천(原泉)이시다.

사마리아 여인은 예수께서 무슨 말씀을 하시는지 이해하지 못한다. 그래도 그분이 대담한 주장을 하고 있다는 것은 깨닫는다.

> 선생님, 선생님에게는 두레박도 없고, 이 우물은 깊은데, 선생님은 어디에서 생수를 구하신다는 말입니까? 선생님이 우리 조상 야곱보다 더 위대하신 분이라는 말입니까? 그는 우리에게 이 우물을 주었고, 그와 그 자녀들과 그 가축까지, 다 이 우물의 물을

마셨습니다(요 4:11, 12).

유대인과 사마리아인 모두 자기네가 아브라함이 이스라엘 열두 지파의 아버지인 이삭과 야곱을 통해 물려준 불꽃의 진정한 운반자라고 생각했다. 야곱보다 위대하다고 주장한다면 허풍을 떤다고 여겼을 것이다. 여인의 관점에서 이 질문에 대한 대답은 "아니요"여야 한다. 분명히 이 유대인 랍비는 자신이 야곱보다 위대하다고 생각하지 않는다! 그러나 예수께서는 이 여인의 질문에 대답하지 않고, 오히려 문제를 제기하신다.

> 이 물을 마시는 사람은 다시 목마를 것이다. 그러나 내가 주는 물을 마시는 사람은, 영원히 목마르지 아니할 것이다. 내가 주는 물은, 그 사람 속에서, 영생에 이르게 하는 샘물이 될 것이다(요 4:13, 14).

여기에서 예수께서는 예레미야의 은유로 더욱 깊이 들어가신다. 그분은 생수의 근원이시며, 누구든지 그분을 영접하는 사람은 샘이 있는 곳이 될 것이다. 예수께서는 요한복음에서 나중에 같은 요점을 말씀하신다. 그분은 성전에 서서 큰 소리로 말씀하신다. "목마른 사람은 다 나에게로 와서 마셔라. 나를 믿는 사람은, 성경이 말한 바와 같이, 그의 배에서 생수가 강물처럼 흘러나올 것이다"(요 7:37, 38). 그러나 가장 기대되는 곳에서 동료 유대인들에게 이 사실을 공개 선언하시기 전에, 예수께서는 가장 예상되지 않는 곳에서 이방 여인에게 은밀히 선언하신다.

사마리아 여인은 오해와 희망이 뒤섞인 채 대답한다. "선생님, 그물을 나에게 주셔서, 내가 목마르지도 않고, 또 물을 길으러 여기까지 나오지도 않게 해주십시오"(요 4:15). 이 여인은 예수께서 가지고 있다고 말씀하신 그것을 원한다. 그러나 이 여인은 예수께서 실제로 주시는 그것이 무엇인지 알지 못한다. 나도 이럴 때가 매우 많다. 예수를 목적을 이루기 위한 수단으로 보고, 내가 원하거나 필요로 하는 것을 그분에게 간청하는 것이다. 아마 당신도 공감할 것이다. 아마도 당신의 삶에서 예수께서는 천상의 산타처럼 기능하실 것이다. 당신의 희망 사항을 제출할 수 있는 누군가로, 당신의 일상 가장자리에 마법의 기운을 가져다주는 누군가로 말이다. 그러나 예수께서는 우리가 가진 모든 선한 것의 원천이시고, 또 우리의 기도를 듣기 좋아하시지만, 우리가 하나님의 선물이 무엇인지 안다면, 또 우리가 이야기 나누고 있는 이가 누군지 안다면, 우리는 그분에게 무엇보다도 그분 자신을 달라고 간구할 것이다.

예수의 다음 행동은 그 시대 그 여인의 귀와 오늘 우리의 귀에 아주 다르게 울릴 것이다. "가서, 네 남편을 불러 오너라"(16절). 1세기의 관점에서 볼 때, 이 말씀은 때늦은 요구다. 이 한 말씀만 떼어 놓고 보면 부적절하기 그지없다. 남편을 데려올 수 있다면야, 그게 훨씬 나을 것이다. 우리 관점에서는 이 말씀이 여성 혐오 발언으로 들릴 수 있다. 마치 예수께서 남편이 없는 그 여인과는 이야기를 나누고 싶어 하지 않으신다는 것처럼 말이다. 그러나 대화가 이어지면서 우리는 예수의 말씀에 대한 이 두 가지 해석이 모두 틀렸다는 것을 알게 된다. 그 여인은 "나에게는 남편이 없습니다"(17절)라고 대답하고, 예수께서는 그 여인의 카드를 속속들이 드러내서서 당신의 카드를 보여 주신다.

> 남편이 없다고 한 말이 옳다. 너에게는, 남편이 다섯이나 있었고, 지금 같이 살고 있는 남자도 네 남편이 아니니, 바로 말하였다(요 4:17, 18).

예수께서는 왜 이렇게 말씀하실까? 예수의 목표는 여인을 부끄럽게 하는 것일까? 아니다. 처음 여인에게 마실 물을 달라고 했을 때 이미 그 여인이 살아온 날을 알고 있었다고 예수께서는 말씀하시는 것이다. 그 여인은 부도덕하다는 비난을 들으면서 수치스럽게 살아왔을 것이다. 이 남자에게서 저 남자로 그렇게 말이다. 이런 점에서 그 여인은 그 문화에서 매춘부나 다를 바 없었다. 또는 그 여인은 여러 번 과부가 되었고, 지금은 **사실혼** 관계에 있을 수도 있다. 우리는 세세한 사항을 다 알지 못한다. 그러나 예수께서는 알고 계신다. 그리고 그분은 성적으로 의심스러운 이 이방인에게서 거리를 두지 않으신다. 오히려 그 여인이 누구인지 알고 있다는 것을 밝히서서 그분 자신이 누구신지 더 많이 드러내신다.

우리는 이 여인의 눈을 통해 어떤 예수를 보는가? 우리는 이 여인에게서 이 말을 듣는다. "선생님, 내가 보니, 선생님은 예언자이십니다"(19절). 이 사마리아 여인은 예수께서 자신의 모든 내력을 아시는 걸로 봐서 그분이 예언자라는 걸 안다. 이 이방인은 하나님의 아들에게서 무시당하지 않는다. 예수께서는 이 여인이 살아온 삶의 이야기를 아신다. 당신과 나의 삶의 이야기를 아시듯이.

이 사마리아 여인은 자신이 예언자와 이야기하고 있음을 깨닫고는 신학적인 질문을 던진다. "우리 조상은 이 산에서 예배를 드렸는데, 선생님네 사람들은 예배드려야 할 곳이 예루살렘에 있다고 합니다"(20절). 이 여인이 말하는 그리심산은 야곱의 우물에서 볼 수 있었을 것이다. 그러나 예수께서는 예루살렘이 예배를 드리기에 합당한 장소라고 주장하지 않으시고 이렇게 대답하신다.

> 여자여, 내 말을 믿어라. 너희가 아버지께, 이 산에서 예배를 드려야 한다거나, 예루살렘에서 예배를 드려야 한다거나, 하지 않을 때가 올 것이다. 너희는 너희가 알지 못하는 것을 예배하고, 우리는 우리가 아는 분을 예배한다. 구원은 유대 사람들에게서 나기 때문이다. 참되게 예배를 드리는 사람들이 영과 진리로 아버지께 예배를 드릴 때가 온다. 지금이 바로 그때이다. 아버지께서는 이렇게 예배를 드리는 사람들을 찾으신다. 하나님은 영이시다. 그러므로 하나님께 예배를 드리는 사람은 영과 진리로 예배를 드려야 한다(요 4:21-24).

가나의 혼인 잔치에서 예수께서는 어머니 마리아에게 아직 때가 오지 않았다고 말씀하셨다(요 2:4). 이제 그분은 이 사마리아 여인에게 하나님에게 참되게 예배드리는 사람들이 예루살렘 성전에서가 아니라 영과 진리로 예배를 드릴 "때가 온다"고 말씀하신다. 사실, 그때가 이미 와 있다고 그분은 말씀하신다. 이 사마리아 여인이 대답한다. "나는 그리스도라고 하는 메시아가 오실 것을 압니다. 그가 오시면, 우리에게 모든 것을 알려 주실 것입니다"(요 4:25). 예수의 대답을 직역하면 이렇다. "너에게 말하고 있는 내가 그다"(I am, the [one] speaking to you, 26절).

이 직역은 영어로는 어색하기 때문에 우리 성경에서 자주 깨져 있다. 그러나 신약학자 크레이그 에반스(Craig Evans)가 관찰한 바와 같이, 예수의 이 말씀은 그리스어 원문에서도 "강력하고 특이하다."[6] 이 번역을 매끄럽게 하면, 이것이 예수의 첫 번째 "나는 ……이다"(I am) 진술임이 드러난다. 앞 장에서 보았듯이, 요한복음의 다른 "나는 ……이다" 진술은 거의 다 무리에게 하시는 말씀이다. 그 가운데 예외가 둘 있는데, 예수께서 마르다에게 하신 말씀, 곧 "나는 부활이요 생명이다"(요 11:25)와 이 사마리아 여인에게 보이신 반응이다. 이것은 요한복음에서 예수께서 자신이 메시아임을 명시적으로 선언하신 첫 번째 사례다. 그리고 그렇게 하시면서 예수께서는 훨씬 놀라운 주장을 하신다.

예수의 "나는 ……이다"라는 말씀 하나하나는 그분이 누구신지

---

6   다음을 참고하라. Craig A. Evans, *The Bible Knowledge Background Commentary: John's Gospel, Hebrews-Revelation* (Colorado Springs: David C. Cook, 2005).

에 대한 신선한 통찰을 제공한다. 처음에 사마리아 여인에게 하신 말씀은 예외처럼 보인다. 그러나 좀 더 자세히 살펴보면, 예수께서 사마리아 여인에게 "너에게 말하고 있는 내가 그다"라고 말씀하심으로 자신이 누구신지에 대해 더 많은 통찰을 주고 계신다. 예수께서는 자신이 메시아이며 참 언약의 하나님이라고 말씀하신다. 하지만 그분은 또한 성적으로 의심스러운 이 이방인 여성에게 말을 걸고 있는 분이기도 하다. 예수께서는 그냥 "내가 그 사람이다!"라고 말씀하실 수도 있었다. 그러나 이 여인의 눈을 통해 예수를 바라볼 때, 우리는 그분이 오랫동안 약속된 왕, 영존하시는 하나님이며, 그런 분이 그 여인과 대화하기로 선택하셨다는 것을 안다. 우리가 아무리 하찮게 여겨지더라도, 아무리 이방인으로 느껴지더라도, 우리가 아무리 버림받았더라도, 여기서 우리는 예수께서 우리와 함께하고자 시간을 보내시는 하나님임을 보게 된다.

예수께서 자신이 누구인지 여자에게 알려 주실 때 제자들이 돌아온다. 그들은 예수께서 그 여인에게 말씀하시는 것을 이상하게 여겼지만, 감히 이유를 묻지 못한다(요 4:27). 그런 다음 요한은 세부 사항을 제공하는데, 우리는 그 장면을 아름답게 그려 볼 수 있다. 그 여인이 물동이를 버려두고 동네로 들어가서, 사람들에게 말한다. "내가 한 일을 모두 알아맞히신 분이 계십니다. 와서 보십시오. 그분이 그리스도가 아닐까요?"(요 4:28, 29) 예수께서 시몬 베드로와 안드레를 부르셨을 때, 그들은 그물을 버려두고 예수를 따랐다(마 4:18-20). 예수께서 야고보와 요한을 부르셨을 때, 그들은 배와 아버지를 놓아두고 예수를 따랐다(마 4:21, 22). 이 여인은 물동이를 버려둔 채 마을 사람들에게 예수께서 누구신지 알리러 간다. 예수께서 하나님이 오래 전에 약속하신 왕이라는 이 여인의 증거는 무엇인가? 예수께서는 이 여인이 과거에 한 모든 일을 알고 계셨다.

우리는 모두 깊이 알려지고 사랑받기를 갈망한다. 그러나 우리는 너무 많이 노출되지 않도록 조절해야 할 필요도 자주 느낀다. 사람들이 우리에 대한 진실, 곧 우리의 가장 어두운 생각, 시기심, 속임수, 정욕, 실패한 관계 등을 정말로 안다면, 우리를 사랑하지 않을까 봐 두렵기 때문이다. 예수 안에서 이 여인은 자신을 속속들이 아는 한 남자를 만났다. 예수께서는 우물가에서 이 여인을 무시하거나 이 여인에게서 물러서지 않으셨다. 그분은 이 여인의 가장 깊은 결핍을 채워 주셨고 자신이 누구인지 말씀해 주셨다.

예수께서 이 여인을 아신다는 사실은 이 여인이 예수에 관하여 전한 메시지의 중심이 되었다. 요한은 우리에게 이렇게 말한다.

그 동네에서 많은 사마리아 사람이 예수를 믿게 되었다. 그것은 그 여자가, 자기가 한 일을 예수께서 다 알아맞히셨다고 증언하였기 때문이다. 사마리아 사람들이 예수께 와서, 자기들과 함께 머무시기를 청하므로, 예수께서는 이틀 동안 거기에 머무르셨다. 그래서 더 많은 사람들이 예수의 말씀을 듣고서, 믿게 되었다. 그들은 그 여자에게 말하였다. "우리가 믿는 것은, 이제 당신의 말 때문만은 아니오. 우리가 그 말씀을 직접 들어보고, 이분이 참으로 세상의 구주이심을 알았기 때문이오"(요 4:39-42).

예수에 관한 이 여인의 메시지를 통해서, 유대인을 증오하면서 자란 사람들이 이 유대인 랍비의 말씀을 듣고 그분에게 자기들과 함께 있어 달라고 청하게 되었다. 우물가에서 그 여인에게 말씀하셨듯이 예수께서 그들에게 말씀하셨을 때, 그들은 그분이 진정으로 누구신지 알았다. 세상의 구주, 그분에게 오는 목마른 이들 모두에게 생수를 주시는 이심을 알았다.

○ 자녀에게 줄 떡

마가복음과 마태복음에서 예수께서 이방 여인과 나눈 또 다른 대화는 예수의 사명의 보편적인 범위를 강조한다. 장면은 갈릴리 북쪽의 이방인 지역을 배경으로 한다. 그 직접 맥락은 예수의 제자들이 식사 전에 정결 예식으로 손을 씻지 않는다고 불평하는 바리새인들과 예수 사이에 오간 논쟁이다. 예수께서는 그 바리새인들을 위선자라고 부르시며, 그들을 더럽게 만드는 것은 배로 들어가는 것이 아니라 그들 마음에서 나오는 것이라고 설명하신다(마 15:7-20; 막 7:6-23). 그런 다음에 예수께서는 일어나 이방 지역인 두로와 시돈으로 떠나신다(마 15:21; 막 7:24).

이곳에 오신 예수께서는 한동안 숨어 지내기를 원하신다. 그러나 마가는 "악한 귀신 들린 딸을 둔 여자가 곧바로 예수의 소문을 듣고 와서, 그의 발 앞에 엎드렸다"(막 7:25)고 우리에게 전한다. 마가는 "그 여자는 그리스 사람으로서, 시로페니키아 출생"(26절)이라며, 그 여인의 국적을 강조한다. 두로와 시돈은 페니키아에 있었으므로, 이 진술은 그 여인이 그 지역 토박이이며 명백히 비유대인임을 알리는 역할을 한다. 마태는 그 여인을 "가나안 여자 한 사람이 그 지방에서 나와서"(마 15:22)라며, 같은 사실을 달리 표현한다. 가나안 사람들은 하나님이 이스라엘 백성에게 약속하신 땅의 원래 거주민이었다. 그들은 더 이상 별개의 종족으로 존재하지 않았지만, 마태는 그 여인을 가나안 사람이라고 불러서 그 여인이 속한 민족 및 종교의 이질성을 강조한다. 그 여인은 철저히 국외자라는 말이다. 그러나 우리는 그 여인이 예수께서 방금 만난 유대인 지도자들보다 그분이 누구신지 더 잘 이해하고 있다는 사실을 발견한다.

마태의 기록에서 그 여인은 예수께 와서 이렇게 외쳤다. "다윗의 자손이신 주님, 나를 불쌍히 여겨 주십시오. 내 딸이, 귀신이 들려 괴로워하고 있습니다"(15:22). 그러나 마리아와 마르다가 처음 도움을 청했을 때처럼, 예수께서는 아무런 대답도 하지 않으셨다. 이 외국인은 물러서지 않는다. 여인이 어찌나 강하게 애걸하는지 예수의 제자들이 "저 여자가 우리 뒤에서 외치고 있으니, 그를 안심시켜서 떠나보내 주십시오"(23절)라고 예수께 간청할 정도다. 그러나 예수께서는 제자들의 요청에 응답하지 않으시고, 마침내 여인에게 직접 답변하신다. "나는 오직 이스라엘 집의 길을 잃은 양들에게 보내심을 받았을 따름이다"(24절). 예수께서는 앞서 마태복음에서 열두 사도를 보내어 전도하고 치유하라고 지시하실 때 이 표현을 사용하셨다. "이방 사람의 길로도 가지 말고, 또 사마리아 사람의 고을에도 들어가지 말아라. 오히려 길 잃은 양 떼인 이스라엘 백성에게로 가거라"(마 10:5, 6). 유대인들은 먼저 구원의 메시지를 받아야 했다. 그러나 그 여인은 포기하지 않는다. 예수 앞에 와서 무릎 꿇고 "주님, 나를 도와주십시오"(마 15:25)라고만 말한다. 세 살 된 루크가 내 관심을 끌지 못할 때, 가끔 와서 내 얼굴을 잡고 코를 맞대고 뭔가를 묻는다. 이 여인은 예수 앞에 무릎을 꿇고 있지만, 효과는 같다.

예수의 대답이 우리에게 충격을 준다. "자녀들의 빵을 집어서, 개들에게 던져 주는 것은 옳지 않다"(26절). 구약에서 이스라엘 백성은 종종 "하나님의 자녀"라고 불렸다. 반대로 예수 시대의 유대인들은 때때로 이방인을 "개"라고 불렀다. 예수의 유대인 제자들은 예수의 말씀을 수긍하면서 고개를 끄덕였을 것이다. 하지만 그 여인은 그런 모욕에도 움츠러들지 않고 예수의 비유를 그대로 받아서 이렇게 외친다. "주님, 그렇습니다. 그러나 개들도 주인의 상에서 떨어지는 부스러기는 얻어먹습니다"(27절). 예수께서는 막 바리새인들에게서 떠나오신 참이었다. 그 바리새인들이 예수께 바로 그렇게 음식 예법을 제자들에게 가르쳐야 한다고 훈계했었다. 예수께서는 그 바리새인들더러 자기들이 무슨 말을 하는지도 모르는 "위선자"요 "눈먼 길잡이"(7, 14절)라고 부르셨다. 그런데 이 여인은 바리새인들이 이해하지 못한 그것을 이해한다. 이 여인은 자신이 예수의 식탁에 앉을 권리가 없다는 것을 안다. 그리고 예수께서 환대하시는 이들은 바로 자기에게 권리가 없다는 것을 아는 바로 그 사람들이다. 예수께서 대답하신다. "여자여, 참으로 네 믿음이 크다. 네 소원대로 되어라." 그리고 그 즉시 이 여인의 딸이 낫는다(28절).

일부 주석가들은 이 이방 여인이 예수의 마음을 바꾸었다고 말한다. 그러나 예수께서 이방인들을 포용하셨다는 사실은 이미 마태복음에서 로마 백부장과 나눈 대화를 통해 확고해졌다. 그 로마 백부장은 격심한 고통을 겪고 있는 자기 하인을 예수께서 고쳐 주시기를 바랐지만, 자신은 예수를 자기 집에 모셔 들이기에 합당하지 않음을 알았다. 이 이방인 남자의 겸손과 믿음은 예수께 깊은 인상을 주었고, 예수께서는 제자들에게 이렇게 말씀하셨다.

> 내가 진정으로 너희에게 말한다. 나는 지금까지 이스라엘 사람 가운데서 아무에게서도 이런 믿음을 본 일이 없다. 내가 너희에게 말한다. 많은 사람이 동과 서에서 와서, 하늘나라에서 아브라함과 이삭과 야곱과 함께 잔치 자리에 앉을 것이다. 그러나 이 나라의 시민들은 바깥 어두운 데로 쫓겨나서, 거기서 울며 이를 갈 것이다(마 8:10-12).

예수께서는 자신의 동료 유대인이 하나님 나라의 정당한 상속자, 곧 '하나님 나라의 아들들', 또는 시로페니키아 여인에게 말씀하셨듯이 '자녀들'임을 인정하신다. 그러나 예수를 배반하는 유대인은 모두 그 나라에서 쫓겨날 것이고, 예수를 받아들이는 이방인은 환영받을 것이다. 시로페니키아 여인은 예수의 마음을 바꾸지 않았다. 오히려 예수와 여인의 만남이 이 여인의 겸손한 믿음을 보여 줄 기회가 되었다.

이 절박한 이방 여인의 눈을 통해 우리는 어떤 예수를 보는가? 우리는 병을 고쳐 주시고 영적 질병에서 구원하실 능력이 있는 다윗의 자손을 본다. 우리는 받을 자격이 없지만 그러함에도 우리에게 자비를 베푸시는 이를 본다. 예수의 상에서 떨어지는 부스러기조차도 우리에게 충분하지만, 예수께서는 그분을 믿는 모든 사람을 영원한 잔치에 환영하시는 분임을 우리는 안다. 그 시로페니키아 여인은 예수 앞에 무릎 꿇고 자기 아이를 살려 달라고 간청한다. 마태복음에서 이 일을 하는 다음 여인은 유대인일 뿐만 아니라 예수의 가장 가까운 두 제자의 어머니다. 그 여인은 당연히 예수께 귀 기울일 것 같다. 그러나 장면이 전개됨에 따라 우리는 매우 다른 결과를 보게 된다.

○ 쓴 잔

예수께서 야고보와 요한에게 따라오라고 하실 때, 그들은 아버지 세베대와 함께 배에서 그물을 깁고 있었다. 예수께서 그들을 부르자, 그들은 곧장 "배와 자기들의 아버지를 놓아두고, 예수를 따라갔다" (마 4:22). 이 형제는 모든 복음서에서 "세베대의 아들들"이라 지칭된다. 이 시점에서 그들의 어머니에 대해서는 한마디도 꺼내지 않는다. 그러나 예수께서 십자가에 처형당하고 사흘 만에 부활할 것이라고 예언한 후에, 마태는 이렇게 기록했다. "그때에 세베대의 아들들의 어머니가 아들들과 함께 예수께 다가와서 절하며, 무엇인가를 청하였다"(마 20:20). 기록으로 남은 그 여인의 첫 말을 보면 예수의 제자들처럼 그 여인도 예수의 나라가 어떤 나라인지 이해하지 못했다. 예수께서 그 여인에게 물으신다. "무엇을 원하십니까?" 그 여인이 대답한다. "나의 이 두 아들을 선생님의 나라에서, 하나는 선생님의 오른쪽에, 하나는 선생님의 왼쪽에 앉게 해주십시오"(21절). 이 이야기를 전하면서 마가는 야고보와 요한에 초점을 맞추어 이 요청을 그 두 아들이 한 말로 기록하고 있다(막 10:35-40). 어머니와 두 아들이 이런 요구를 할 때 한마음이었던 게 틀림없다. 그러나 마태는 그 어머니의 역할에 주목한다.

우리는 세베대의 두 아들의 어머니의 눈을 통해 어떤 예수를 보는가? 우리는 예수께서 하나님이 약속하신 왕이시며 그분의 가장 신실한 제자들에게 특권과 특혜를 베푸실 수 있는 분이라는 여인의 믿음을 본다. 당신이 나와 같다면, 아마도 당신은 가끔 예수를 이렇게 볼 것이다. 당신은 그분을 경배하기 위해서가 아니라 성공을 바라는 당신의 욕구를 채워 달라고 하려고 그분 앞에 무릎 꿇을 것이다. 아마도 이 여인은 자기는 이기심이 없다고 항변할 것이다. 이 여인은 자기 자신을 위해서 무엇인가를 바란 것이 아니다. 단지 아들들을 위해서 그렇게 한 것이다. 그러나 부모라면 자녀들을 통해 자신의 꿈을 이루려 하면서도 그게 이기심이 아니라고 말하기가 얼마나 쉬운지 안다.

예수께서는 이 어머니의 요청에 이렇게 말씀하시고 또 되물으신다. "너희는 너희가 구하는 것이 무엇인지도 모르고 있다. 내가 마시려는 잔을 너희가 마실 수 있겠느냐?"(마 20:22) 예수께서 복수에게 말씀하시는 걸로 봐서 세 사람 모두에게 하신 말씀일 것이지만, 예수의 질문에 대답하는 이는 야고보와 요한이다. "마실 수 있습니다"(22절). 두 사람도 어머니만큼이나 이해하지 못하고 있다. 이 여인은 자신이 두 아들의 특권을 보장받았다고 생각한다. 그러나 예수께서는 이 여인이 고난을 달라고 하고 있다고 말씀하신다.

마태복음에서 이 이야기에 이어 세베대의 두 아들이 등장하는 때는 예수께서 배신당하시는 밤이다. 예수께서는 제자들을 데리고 겟세마네라 불리는 곳으로 가서서 그들에게 말씀하신다. "내가 저기 가서 기도하는 동안에, 너희는 여기에 앉아 있어라"(마 26:36). 그런데 그다음에 그분은 "베드로와 세베대의 두 아들"을 데리고 좀 더 나아가신다(37절). 예수께서는 그들에게 말씀하신다. "내 마음이 괴로워 죽을 지경이다. 너희는 여기에 머무르며 나와 함께 깨어 있어라." 그리고 예수께서는 고개를 숙이고 기도하신다. "나의 아버지, 하실 수만 있으시면, 이 잔을 내게서 지나가게 해주십시오. 그러나 내 뜻대로 하지 마시고, 아버지의 뜻대로 해주십시오"(38, 39절).

구약에서 여호와의 잔은 죄에 대한 하나님의 심판을 상징한다. 하나님이 선지자 예레미야에게 이렇게 말씀하신다. "너는 내 손에서 이 진노의 포도주 잔을 받아라. 내가 너를 뭇 민족에게 보낼 터이니, 그들 모두에게 그 잔을 마시게 하여라"(렘 25:15). 놀랍게도, 그 잔이 건네지는 첫 '민족'은 바로 하나님의 백성이다(18절). 이사야, 하박국, 에스겔도 같은 은유를 사용한다(사 51:17-22; 합 2:16; 겔 23:31). 예수께서는 십자가를 마주하실 때, 이 잔을 두려워하신다. 야고보와 요한이 이 잔을 마실 수 있을까? 절대 아니다. 실제로 예수께서 아버지께 간청하고 있는 그 시간에 야고보와 요한과 다른 모든 제자는 이내 잠이 들었다. 그러나 그날 초저녁에 그들은 다른 잔에 담긴 포도주를 **마셨다.** 저녁 식사 자리에서 예수께서는 잔을 들어 감사 기도를 드린 다음에 그 잔을 제자들에게 주면서 말씀하셨다. "모두 돌려가며 이 잔을 마셔라. 이것은 죄를 사하여 주려고 많은 사람을 위하여 흘리는 나의 피, 곧 언약의 피다"(마 26:27, 28). 예수께서는 죄에 대한 하나님의 진노의 잔을 마실 것이기에, 죄 용서를 위해 부어진 자신의 피의 잔을 나누어 주실 수 있었다. 야고보와 요한도 예수의 제자로서 그 고난의 잔을 마실 날이 올 것이다. 정말로 우리는 사도행전에서 야고보가 순교하는 것을 본다(행 12:2). 두 형제는 예수의 질문에 대답한다. "마실 수 있습니다"(마 20:22). 그리고 예수께서 그들에게 말씀하신다. "정말로 너희는 나의 잔을 마실 것이다. 그러나 나의 오른쪽과 왼쪽에 앉히는 그 일은, 내가 할 수 있는 것이 아니다. 그 자리는 내 아버지께서 정해 놓으신 사람들에게 돌아갈 것이다"(23절).

예수의 열두 제자 가운데 나머지 제자들은 야고보와 요한의 요청을 듣고 화를 낸다. 어떻게 감히 그들이 예수의 나라에서 가장 높은 자리를 보장받으려 할 수 있단 말인가? 그러나 예수께서는 그들 모두를 부르시고는 당신의 나라에서 큰 자는 자기 힘으로 되는 게 아니라 섬김으로 된다고 설명하신다. "너희 가운데서 위대하게 되고자 하는 사람은 누구든지 너희를 섬기는 사람이 되어야 하고, 너희 가운데서 으뜸이 되고자 하는 사람은 너희의 종이 되어야 한다. 인자는 섬김을 받으러 온 것이 아니라 섬기러 왔으며, 많은 사람을 위하여 자기 목숨을 몸값으로 치러 주려고 왔다"(26-28절). 세베대의 두 아들의 어머니는 이 꾸지람에서 틀림없이 거부할 수 없는 힘을 느꼈을 것이다. 이 여인이 완전히 잘못 느낀 건 아니다. 그러나 이것은 우리가 이 여인에 관해서 듣는 마지막이 아니다.

세베대의 두 아들의 어머니는 예수의 십자가 처형을 목격한 사람으로 마태가 이름을 밝힌 사람들 가운데 한 사람이다. 그 순간에서 우리는 예수께서 갈릴리에서 처음 사역을 시작하셨을 때부터 이 여인이 그분을 따랐다는 사실을 발견한다(마 27:55, 56). 이 여인은 예수의 머리 위에 붙어 있는 죄패를 보았다. "이 사람은 유대인의 왕 예수다"(37절). 이 여인은 두 강도가 그분과 함께 십자가에서 처형당하는 것을 보았다. 한 강도는 그분의 오른편에서, 그리고 또 한 강도는 그분의 왼편에서(38절). 이 여인은 그 순간에 자신이 얼마나 틀렸는지 깨달았을 것이다. 그러나 이 여인은 끝까지 예수를 따랐으며, 아마도 훗날 이 여인의 두 아들, 야고보와 요한이 예수께서 부활하신 그리스도이심을, 그 잔을 마시고 십자가를 통해 그분의 나라에 들어가신 왕이심을 단호하게 증언하는 것을 보았을 것이다.

○ "목마르다"

세베대의 두 아들의 어머니는 예수께서 숨을 거두시는 걸 본 유일한
어머니가 아니었다. 요한복음은 마리아, 예수의 어머니도 그 십자가
처형의 목격자였다고 우리에게 들려준다. 마리아는 아기 예수의 울
음을 젖을 먹여 달래 주었다. 그 여인은 성인 예수가 물을 포도주로
바꾸는 것을 보았다. 이제, 마리아는 죽어 가는 예수께서 목마르다
부르짖는 것을 본다.

> 그 뒤에 예수께서는 모든 일이 이루어졌음을 아시고, 성경 말씀
> 을 이루시려고 "목마르다" 하고 말씀하셨다. 거기에 신 포도주가
> 가득 담긴 그릇이 있었는데, 사람들이 해면을 그 신 포도주에 듬
> 뿍 적셔서, 우슬초 대에다가 꿰어 예수의 입에 갖다 대었다. 예수
> 께서 신 포도주를 받으시고서, "다 이루었다" 하고 말씀하신 뒤에,
> 머리를 떨어뜨리시고 숨을 거두셨다(요 19:28-30).

이 순간 그분의 어머니의 눈을 통해 우리는 어떤 예수를 보는가?
680리터의 물을 최상급 포도주로 바꾸어 돌항아리 여섯 동이에 가
득 채우는 능력이 있으면서도 목말라하고 신 포도주 한 모금을 받는
이를 본다. 시므온이 예언한 것처럼, 우리는 그분의 어머니의 가슴
을 꿰뚫은 검을 본다. 그리고 그분이 치르신 특별한 값으로 당신과
나 같은, 죄로 가득한 사람들이 그분과 더불어 영원히 먹고 마시고

살 수 있게 하신 바로 그분을 본다.

우리는 생명과 안락을 위해서, 해방과 기력을 얻으려고 먹을 것과 마실 것을 찾는다. 거듭거듭 복음서들에서 예수께서는 자신을 먹을 것과 마실 것으로 나타내신다. 그분의 첫 번째 "나는 ……이다"는 우물가에서 사마리아 여인에게 생명의 물을 주신 다음에 하신 말씀이다. 그분은 빵 다섯 덩이와 물고기 두 마리로 5,000명을 먹이신 다음에 그분의 두 번째 "나는 ……이다" 선언을 하신다. "내가 생명의 빵이다. 내게로 오는 사람은 결코 주리지 않을 것이요, 나를 믿는 사람은 다시는 목마르지 않을 것이다"(요 6:35). 예수께서는 생명의 물이요 생명의 빵이시다. 그분이 주시는 양식은 그분의 죽으심에서 나온다. "내가 진정으로 진정으로 너희에게 말한다. 너희가 인자의 살을 먹지 아니하고, 또 인자의 피를 마시지 아니하면, 너희 속에는 생명이 없다. 내 살을 먹고, 내 피를 마시는 사람은 영원한 생명을 가지고 있고, 마지막 날에 내가 그를 살릴 것이다"(53, 54절). 당신이 오늘 음식에 관하여 어떻게 생각하는지 나는 모른다. 음식이 나타내는 문제 때문에 먹을 것과 마실 것을 싫어하는지, 아니면 먹고 마시는 것이 당신에게 기쁨을 가져다주는지 나는 모른다. 그러나 이것만은 안다. 예수 없이는, 우리 모두 굶주릴 것이다. 그분과 더불어 우리는 영원하고, 사랑이 스며들게 하고, 희망이 넘치는 잔치를 즐길 것이다.

✦✦✦ 토론 질문 ✦✦✦

○ 첫걸음

더울 때 당신은 어떤 음료를 가장 즐겨 마십니까?

1   예수께서는 신랑으로서 자신의 정체성을 어떻게 드러내십니까? 왜 신랑
     이라는 이 신분이 중요한가요?

2   우물가에서 예수께서 그 여인과 나눈 대화에서 매우 논란을 불러일으킬
     수 있는 요소들은 무엇입니까?

3   우물가에서 예수께서는 그 여인에게 자신을 어떻게 드러내십니까?

4   우물가에서 예수께서 만난 여인과 예수께 딸을 고쳐 달라고 간청한 여인 사이에는 어떤 공통점이 있습니까? 그 여인들과 주고받은 예수의 언행이 복음에 관하여 어떤 것을 드러냅니까?

5   예수께서 자신을, 그리고 자신이 주는 것을 설명하시려고 음식을 은유로 사용하시는 이유는 무엇이라고 생각합니까? 이런 은유들이 예수의 성품에 관하여 어떤 점을 드러냅니까?

6   살아오면서 채워지지 않은 배고픔을 경험한 적이 있습니까?

7   '모든 진정한 양식이 비롯되는 예수'라는 사실은 지금 당신이 예수와 관계를 맺는 데 어떤 영향을 끼칩니까?

8   이 여인들의 눈을 통해 예수를 볼 때, 그분의 어떤 점이 당신에게 가장 의미 있게 다가옵니까?

요한복음 4장 1-42절을 읽으십시오.

1   우물가에서 대화하시면서 예수께서 그 여인에게 드러내시는 두 가지 핵심
    은 무엇입니까? 요한복음 4장 10절을 참고하십시오.

2   이사야 44장 3절에서 메마른 땅에 주는 물이 가리키는 것은 무엇입니까?
    이 구절은 당신이 요한복음 4장 10절에서 예수께서 가리키시는 하나님의
    선물을 이해하는 데 어떤 영향을 끼칩니까? 예수께서 이 선물을 사마리아
    여인에게 주신다는 사실을 유대인들이 들었다면 그들은 어떻게 반응할 것
    같습니까?

3   우물가의 여인은 다른 사마리아인들이 믿음을 새롭게 발견하는 데 어떤
    역할을 했습니까? 이 여인의 역할이 우리가 복음 전도를 이해하는 방식에
    더해 주는 것은 무엇입니까?

4장

치유

어제는 교회에서 앞으로 남은 생이 몇 달밖에 안 되는 내 친구 그레이스 옆에 앉았다. 그레이스는 23년 전에 처음 암이 생겼는데, 그때 그레이스의 딸은 어렸다. 이제 자기 일을 끝마칠 때가 되었다. 그레이스는 말레이계 중국인이다. 그의 남편 라자는 10년 전에 세상을 떠났는데, 남인도계 유산을 물려받은 말레이시아인이었다. 라자는 심장 질환 진단을 받고 97퍼센트 생존율의 수술을 권고받았다. 그런데 막상 수술을 시작하고 보니 나머지 3퍼센트 안에 들게 된 것이다. 그레이스와 라자는 어릴 때 교회학교에서 만났다. 자신에게 처음 암이 생겼을 때, 그레이스는 고쳐 달라고 기도했다. 하지만 이번에는 그러지 않았다. 그 대신 그레이스는 용기를 달라고, 그리고 도움을 달라고 기도했다. 서구인의 기준으로 볼 때 죽기에는 아직 젊은데도, 그레이스는 "주님과 함께할 준비가 되어 있다"는 마음을 가지고 있다. 죽어 가는 이 친구, 자신의 부활이요 생명이신 예수께 찬양을 올려드리는 이 친구 옆에서 나는 정신을 가다듬었다. 그 가사가 사실임을 곧 확실히 알게 될 누군가의 옆에서 같이 찬양할 때, 그 입에서 나오는 한마디 한마디는 달리 느껴진다.

나는 오늘 당신이 받은 건강 진단서 결과가 어떻게 나왔는지 모른다. 아마도 당신은 삶의 전성기에 있을 것이고, 매우 건강할 것이다. 어쩌면 당신은 죽음 직전에 있을지도 모르겠다. "죽음의 경지를 넘어 돌아온 이 하나도 없는 미지의 세계"라고 햄릿이 고뇌에 차서 말했듯이 말이다.[1] 당신은 초대받지 않은 손님처럼 불쑥불쑥 찾아오는 통증과 발작의 중간 어디쯤에 있을지도 모르겠다. 그러나 우리 모두 언젠가는 죽는다. 우리가 끝을 향해 깡충깡충 뛰거나 기어갈 때 예수께서는 우리와 어떤 관계가 있을까?

1장에서 본 것처럼 누가는 처음으로 예수의 여성 제자들을 우리에게 소개하면서 이렇게 썼다. "열두 제자가 예수와 동행하였다. 그리고 악령과 질병에서 고침을 받은 몇몇 여자들도 동행하였는데"(눅 8:1, 2). 흥미롭게도, 누가가 예수의 제자들 가운데 거명한 여인들의 치유 이야기는 복음서에 나오지 않는다. 요안나와 수산나가 예수를 만나기 전에 어떤 고통을 받았는지 우리는 모른다. 또는 막달라 마리아가 어떻게 귀신 들림에서 고침받았는지 우리는 모른다. 그러나

---

[1]   셰익스피어의 「햄릿」, 제3장 1막. 다음을 참고하라. Herschel Baker, et al., eds., *The Riverside Shakespeare* (Boston & New York: Houghton Mifflin Company, 1997), 1208.

우리는 복음서에서 고침받은 다른 여인들의 이야기는 분명히 알고 있다. 이 장에서 우리는 그 여인들의 눈을 통해 예수를 볼 것이다.

복음서에서 예수께서 만나는 사람들은 대부분 이름이 소개되어 있지 않다. 따라서 예수께서 고쳐 주신 여인들 다수가 그 이름이 거명되지 않는다고 해서 놀랄 일은 아니다. 사실, 복음서에 나오는 사람들의 치유 이야기 가운데 이름이 명시되어 있는 사람은 마가복음에서 그 이름을 밝힌 맹인 바디매오(막 10:46), 요한복음에 유일하게 이름이 나와 있는 대제사장의 종 말고(요 18:10), 그리고 나사로뿐이다. 예수께서 여인들을 치유하신 모든 이야기에서 한 여인을 제외하고 다른 여인들은 모두 익명이다. 그 한 명도 이름이 아니라 예수의 제자 중 한 사람과의 관계로 신원이 밝혀질 뿐이다.

　시몬 베드로의 장모의 치유는 마가복음에서 육신의 치유를 기록한 첫 번째 이야기이며, 영적 치유의 첫 번째 이야기에 바짝 뒤따라 등장한다. 예수께서 가버나움 회당에서 가르치실 때 더러운 귀신 들린 사람이 소리 지른다. "나사렛 사람 예수님, 왜 우리를 간섭하려 하십니까? 우리를 없애려고 오셨습니까? 나는 당신이 누구인지 압니다. 하나님께서 보내신 거룩한 분입니다"(막 1:24). 예수께서는 그 귀신에게 명령하신다. "입을 다물고 이 사람에게서 나가라." 그러자 그 더러운 영이 그 사람에게 경련을 일으키고는 큰 소리를 지르며 떠나갔다(25, 26절). 이 사건의 여파로 예수의 명성이 온 갈릴리에 두루 퍼졌다. 그런 다음 마가는 이렇게 쓴다.

> 그들은 회당에서 나와서, 곧바로 야고보와 요한과 함께 시몬과 안드레의 집으로 갔다. 마침 시몬의 장모가 열병으로 누워 있었는데, 사람들은 그 사정을 예수께 말씀드렸다. 예수께서 그 여자에게 다가가서서 그 손을 잡아 일으키시니, 열병이 떠나고, 그 여자는 그들의 시중을 들었다(막 1:29-31).

복음서에서 예수께서 치유하시는 사람들은 대체로 낯선 사람이다. 이 이야기에서는 예수께서 자신이 잘 아는 사람을 고쳐 주셨다. 세세한 이야기는 없다. 그러나 이 여인의 반응은 의미심장하다. 예수께서 낫게 하시자마자, 이 여인은 섬기는 일에 나선다.

마태, 마가, 누가 모두 이 이야기를 전하는데, 우리는 왜 이 복음서 기자들이 그렇게 하는지 궁금할 수 있다. 예수께서 치유하신 수백, 수천 명 가운데서 이 여인을 강조하는 이유는 무엇일까? 단순히 봉사하는 여성의 역할을 강조하고 싶은 것일까? 나는 그렇게 생각하지 않는다. 복음서 전체의 그물망 안에서 이 이야기를 읽어 보면, 단순히 여성의 위치를 강화하는 것이 아님을 알 수 있다. 베드로의 장모에게 적용되는 '시중들다'라는 동사(디아코네오)는 예수께서 광야에서 시험을 받으신 후에 그분을 섬긴 천사들을 묘사할 때도 쓰였다

(막 1:13; 마 4:11). 이 동사는 예수의 여성 제자들을 묘사할 때도 나온다(눅 8:1-3). 이 동사는 예수께서 마리아의 선택을 분명하게 인정하시기 전에, 동생 마리아가 예수의 발 곁에 앉아 배우고 있을 때 시중든 베다니의 마르다를 묘사할 때도 사용되었다(눅 10:38-42). 가장 중요한 것은 이 점이다. 이 동사는 예수를 묘사한다. 예수께서는 제자들에게 이렇게 말씀하신다. "너희 가운데서 누구든지 위대하게 되고자 하는 사람은 너희를 섬기는 사람이 되어야 하고, 너희 가운데서 누구든지 으뜸이 되고자 하는 사람은 모든 사람의 종이 되어야 한다. 인자는 섬김을 받으러 온 것이 아니라 섬기러 왔으며, 많은 사람을 구원하기 위하여 치를 몸값으로 자기 목숨을 내주러 왔다"(막 10:43-45). 예수께서 베드로의 장모를 고쳐 주셨을 때 이 여인이 보인 반응은 여성에게만이 아니라 우리 모두에게 본이 된다. 예수의 나라에서 섬김은 여자의 일이 아니다. 모두의 일이다.

자원하여 섬기는 이 여인의 눈을 통해 우리는 어떤 예수를 보는가? 우리의 손을 잡아 일으키시는 이를 본다. 그분을 만지면 우리의 고통을 즉시 덜어 줄 수 있는 이를, 우리가 섬길 힘을 갖기도 전에 먼저 우리를 섬기는 이를 본다. 1662년에 간행된 성공회 공동 기도서(Anglican Book of Common Prayer)는 하나님을 "완전한 자유로 섬기는 분"으로 묘사했으며, 우리는 베드로의 장모에게서 그 본을 본다. 현대 생활에서 우리는 종종 봉사와 자유를 반대되는 것으로 본다. 그러나 2,000년 전 베드로의 장모는 현대 심리학자들이 최근에야 발견한 사실을 알고 있었다. 우리 인간은 감사하는 마음으로 섬길 때 풍

성한 삶을 누리지만, 끝없이 자아를 실현하는 '자유'는 우리를 비참하게 만든다.[2]

마태복음, 마가복음, 누가복음을 보면, 베드로의 장모와 귀신 들린 자를 고친 사건이 병들고 귀신 들린 사람들을 예수께로 데려오는 촉매제가 되었다. 마태는 무슨 일이 있었는지, 이렇게 해석한다.

> 날이 저물었을 때에, 마을 사람들이 귀신 들린 사람을 많이 예수께로 데리고 왔다. 예수께서는 말씀으로 귀신을 쫓아내시고, 또 병자를 모두 고쳐 주셨다. 이리하여 예언자 이사야를 시켜서 하신 말씀이 이루어졌다. "그는 몸소 우리의 병약함을 떠맡으시고, 우리의 질병을 짊어지셨다"(마 8:16, 17).

여기서 우리는 영적인 치유와 육체적인 치유가 함께 진행되는 것을 볼 수 있다. 마태는 주님이 어떻게 히브리 성경을 성취하시는지 보여 주고자 예수의 행동을 구약의 예언과 연결한다. 마태가 이 맥락에 가져온 인용문은 다음과 같다.

> 그는 실로 우리가 받아야 할 고통을 대신 받고, 우리가 겪어야 할 슬픔을 대신 겪었다. 그러나 우리는, 그가 징벌을 받아서 하나님

---

2 이에 대한 더 자세한 논의는 다음을 참고하라. Rebecca McLaughlin, *Confronting Christianity: 12 Hard Questions for the World's Largest Religion* (Wheaton, IL: Crossway, 2019), 22-27. 「기독교가 직면한 12가지 질문」, 죠이북스 역간.

에게 맞으며, 고난을 받는다고 생각하였다. 그러나 그가 찔린 것은 우리의 허물 때문이고, 그가 상처를 받은 것은 우리의 악함 때문이다. 그가 징계를 받음으로써 우리가 평화를 누리고, 그가 매를 맞음으로써 우리의 병이 나았다(사 53:4, 5).

여기서 "고통"(griefs)으로 번역된 히브리어 단어는 "질병"을 의미하기도 하며, "슬픔"(sorrows)으로 번역된 단어는 "아픔"을 의미하기도 한다. 여기 이사야서에서 우리는 하나님 백성의 질병과 죄와 고통을 스스로 짊어지는 하나님의 종(사 52:13)의 신비로운 모습을 본다. 예수께서 베드로의 장모를 고치시고 계속해서 육체적, 영적 질병에서 더 많은 사람을 고쳐 주실 때, 그분은 고통받는 종의 역할을 하신다.

예수께서는 때때로 우주 진리의 위대한 교사로 묘사되지만 온 우주의 위대하신 하나님으로 묘사되지 않는 것처럼, 사람들은 때때로 예수께서 우리 병을 고치시는 일과 우리 죄에 대한 형벌을 받으신 일을 따로 떼어 놓으려고 한다. 그러나 마태는 우리가 이렇게 쐐기 박는 것을 허용하지 않는다. 예수께서 십자가에서 죽음을 맞으실 때, 우리의 모든 죄를 짊어지셨다. 그러나 그분은 또한 다시는 사망이 없고 애통해할 일이나 곡할 일이나 아플 일이 없는(계 21:4) 다가오는 새 창조로 들어가는 문이시다. 우리는 지금도 여기에서 죄와 질병과 함께 살고 있다. 그러나 우리가 예수를 따른다면, 우리는 열쇠 구멍을 통해 완전히 새롭고 다른 세상을 들여다보는 것이다. 그곳에서 죄와 고통은 예수와 그분의 부활 생명에 의해 영원히 추방될 것이다. 예수께서는 **우리를 위해** 자신의 생명을 주기 위해서만 오신 것이 아니다. 그분은 또한 그분의 생명을 **우리와** 나누기 위해 오셨다. 예수께서 베드로의 장모를 고쳐 주셨을 때, 이 여인은 예수의 부활 생명을 조금이라도 미리 맛보았고, 즉시 그것을 섬기는 데 사용했다.

○ 나인 성 과부

C. S. 루이스가 암으로 아내를 잃었을 때, 그는 자신의 혼란스러운 고통이 만들어 낸 죽음에 대한 성찰을 글로 썼다. 서명(書名)이 꼭 병상 일지 같은 「헤아려 본 슬픔」(*A Grief Observed*, 홍성사 역간)이라는 이 짧은 책은 내가 지금까지 읽은 가장 강력한 글 가운데 하나다. 내가 자주 되뇌는 구절은 다음과 같다.

> 밤하늘을 올려다본다. 이 모든 광대한 시간과 공간 속에서 찾아보려고 해도 그녀의 얼굴, 그녀의 목소리, 그녀의 손길을 찾아낼 수 없다는 사실보다 확실한 게 어디 있겠는가? 그녀는 죽었다. 죽어 버린 것이다. 그것이 그렇게 알기 어려운 말인가?[3]

---

3   C. S. Lewis, *A Grief Observed* (London: Faber and Faber, 1966), 15. 「헤아려 본 슬픔」, 홍성사 역간(32쪽에서 재인용. 저자는 이 책 제목에서 임상 관찰(Clinical observation)을 떠올린다. 그래서 이 책이 병상 일지 같다("an almost clinical title")고 표현한다_ 옮긴이).

루이스는 아내 조이를 위해 하나님에게 간구했다. 루이스는 조이가 죽어 가고 있다는 것을 알았을 때 그 여인과 결혼했다. 사실, 조이가 암 진단을 받자 루이스는 자신이 조이를 사랑한다는 사실을 깨닫고 충격에 빠졌다. 두 사람 다 예수를 따랐지만, 곧 죽음을 맞게 될 조이의 평화는 루이스의 평화보다 훨씬 컸다. 루이스는 조이가 자신을 떠난다는 사실이 이루 말할 수 없이 두려웠다. 루이스는 하나님에게 조이의 고통이 죽음 아닌 치유로 끝나기를 간절히 기도했다. 처음에 조이는 차도를 보였다. 그런데 암은 재발했다. 루이스의 간절한 기도에 하나님은 '아니다'라고 대답하셨다.

복음서에서 사람들은 예수께 치유를 간청한다. 2장에서 보았듯이 예수께서 나사로를 고치실 때 처음에는 마리아와 마르다의 간청에 응답하지 않으셨다. 3장에서 보았듯이 시로페니키아 여인이 딸의 치유를 위해 기도할 때("주여, 저를 도와주세요!") 예수께서는 처음에는 그 여인의 기도에 응답하지 않으셨다. 두 경우 모두 예수께서는 도움을 요청하는 여인들을 기다리게 하면서 일하신다. 예수께서는 그들의 부름과 자신의 응답 사이에 공간을 두시고 관계를 맺으신다. 나사로처럼 우리도 이 큰 의원(the Great Physician)께서 우리 몸을 치유하러 오시기 전에 죽음에 들어갈 것이다. 그러나 예수께서는 우리가 청하기 전에 우리에게 오실 때도 있다.

누가는 예수께서 갈릴리의 나인 성읍으로 가신 후에 수많은 군중이 그분을 뒤따른 이야기를 들려준다. "예수께서 성문에 가까이 이르셨을 때에, 사람들이 한 죽은 사람을 메고 나오고 있었다. 그 죽은 사람은 그의 어머니의 외아들이고, 그 여자는 과부였다"(눅 7:12). 많은 군중이 아들을 애도하기 위해 그 여인과 함께 오고 있었다. 그런 다음 누가는 다음과 같이 기록한다.

> 주님께서 그 여자를 보시고, 가엾게 여기셔서 말씀하셨다. "울지 말아라." 그리고 앞으로 나아가서, 관에 손을 대시니, 메고 가는 사람들이 멈추어 섰다. 예수께서 말씀하셨다. "젊은이야, 내가 네게 말한다. 일어나라." 그러자 죽은 사람이 일어나 앉아서, 말을 하기 시작하였다. 예수께서 그를 그 어머니에게 돌려주셨다(눅 7:13-15).

해설자로서 누가가 예수를 가리키면서 "주님"라는 용어를 사용한 것은 이번이 처음이다. 예수께서는 자신의 권위로 무엇을 하시는가? 과부를 불쌍히 여기신다.

구약에서 취약 계층 사람들(특히 과부, 고아, 난민[refugees])을 향한 주님의 연민은 그분의 정체성에 깊이 새겨져 있다. 예를 들어, 모세는 하나님의 백성에게 이렇게 선언한다.

> 이 세상에는 신도 많고, 주도 많으나, 당신들의 주 하나님만이 참 하나님이시고, 참 주님이십니다. 그분만이 크신 권능의 하나님이시요, 두려우신 하나님이시며, 사람을 차별하여 판단하시거나, 뇌물을 받으시는 분이 아니시며, 고아와 과부를 공정하게 재판하시며, 나그네를 사랑하셔서 그에게 먹을 것과 입을 것을 주시는

분이십니다(신 10:17, 18).

마찬가지로 다윗은 하나님을 "고아들의 아버지, 과부들을 돕는 재판관"(시 68:5)이라고 부른다. 하나님의 율법은 과부와 고아를 부양하고 보호하라는 명령으로 가득 차 있으며, 그들을 학대하면 주님의 준엄한 경고가 따른다. "너희는 과부나 고아를 괴롭히면 안 된다. 너희가 그들을 괴롭혀서, 그들이 나에게 부르짖으면, 나는 반드시 그들의 부르짖음을 들어주겠다. 나는 분노를 터뜨려서, 너희를 칼로 죽이겠다. 그렇게 되면, 너희 아내는 과부가 될 것이며, 너희 자식들은 고아가 될 것이다"(출 22:22-24). 죽은 아들의 시신이 성 밖으로 나갈 때 따라 나가는 나인 성 과부에게 베푸신 주 예수의 긍휼은 하나님의 성품과 완벽하게 일치한다.

이 여인은 남편이 없고 외아들도 죽었다. 이로써 아마도 이 여인은 수입이 전혀 없을 것이다. 이 여인에게는 슬픔에 빈곤이 겹쳐 있다. 그러나 예수께서는 이 여인에게 울지 말라고 하시고 죽은 아들을 다시 살리셨다. 요한이 나사로를 "죽었던 사람"(요 11:44)이라고 부르는 것처럼, 누가는 이 과부의 아들을 "죽은 사람"이라고 부르며 그에게 완전한 생명이 없음을 강조한다. 그러나 예수의 명령에 따라 그는 일어나 앉아서 말을 하기 시작한다(눅 7:15). 누가는 "예수께서 그를 그 어머니에게 돌려주셨다"(15절)고 기록하면서 이 애끓는 슬픔에 빠진 여인에게 쏟으시는 예수의 관심을 다시 한 번 강조한다.

우리는 이 과부의 눈을 통해 어떤 예수를 보는가? 우리가 구하기도 전에 우리에게 오서서 우리를 불쌍히 여기시는 이를 본다. 절망의 슬픔에 빠진 우리를 만나러 오서서 죽은 자를 살리는 능력을 보여 주시는 이를 본다. 이 여인에게 울지 말라고 하신 것처럼, 우리가 그분을 믿기만 한다면 예수께서는 반드시 우리 눈에서 모든 눈물을 닦아 주실 것이다(계 21:4). 루이스의 「헤아려 본 슬픔」의 마지막 문장은 죽은 아내 조이를 이렇게 묘사한다. "그녀는 미소 지었으나, 그 미소는 나를 향한 것이 아니었다."[4] 성경은 예수께서 우리의 사랑하는 사람들을 언제든 치유해 주실 것이라고 약속하지 않는다. 사실 우리는 루이스가 우리 삶을 침범한다고 두려워한 가슴 저미는 이별의 아픔을 예상할 수 있다. 그렇지만 성경은 우리에게 예수께서 우리의 고통 가운데 함께하실 것이라고, 그리고 언젠가는 예수께서 과부의 이 망가진 아들에게 생명을 불어넣으셨듯이 죽은 사람들에게 생명을 불어넣으실 것이라고 약속한다.

○ 피 흘리는 여인과 죽어 가는 소녀

"'그의 옷자락 만져라'(Touch the Hem of his Garment), 이 노래 알아?" 한 유대인 친구가 내게 질문했다. 소울(soul) 음악의 선구자 샘 쿡(Sam Cooke)의 곡인데, 내 친구는 생후 첫 2년 동안 딸아이 취침 시간에 이

---

4   Lewis, *Grief Observed*, 64. 「헤아려 본 슬픔」(106쪽에서 재인용_옮긴이).

노래를 틀었다고 한다. 나는 이 노래를 들어 본 적이 없었다. 하지만 찾아보고는 왜 내 친구가 감동했는지 알 수 있었다. 노랫말에는 복음서에 나오는 가장 마음을 사로잡는 이야기 가운데 하나인, 예수의 옷자락을 만진 피 흘리는 여인의 이야기가 깔려 있다. 마태, 마가, 누가가 이 이야기를 전하고 있다. 우리는 이 여인의 이름을 모른다. 그러나 이 여인의 이야기는 2,000년이 지나고도 내 유대인 친구가 아기에게 자장가로 들려줄 만큼 세상에 강렬한 인상을 남겼다. 우리가 이 이야기를 맥락 속에서 읽을 때, 이야기는 어린 소녀가 죽은 자 가운데서 살아난 또 다른 기적과 연결되어 있어 더욱 흥미로워진다.

마가복음에서 야이로라는 회당장이 예수의 발 앞에 엎드려 간곡히 청한다. "내 어린 딸이 죽게 되었습니다. 오셔서, 그 아이에게 손을 얹어 고쳐 주시고, 살려 주십시오"(막 5:22, 23). 예수께서는 곧바로 야이로와 함께 가셨다. 그리고 큰 무리가 그분 뒤를 따랐다. 그러나 복음서 기자들은 군중 속에 있는 한 여인에게 특별히 초점을 맞춘다.

> 그런데 열두 해 동안 혈루증을 앓아 온 여자가 있었다. 여러 의사에게 보이면서, 고생도 많이 하고, 재산도 다 없앴으나, 아무 효력이 없었고, 상태는 더 악화되었다. 이 여자가 예수의 소문을 듣고서, 뒤에서 무리 가운데로 끼여 들어와서는, 예수의 옷에 손을 대었다. (그 여자는 "내가 그의 옷에 손을 대기만 하여도 나을 터인데!" 하고 생각하고 있었던 것이다)(막 5:25-28).

복음서는 독백을 거의 등장시키지 않는다. 복음서가 그렇게 할 때는 대부분 예수께서 꾸짖으시는 바리새인들의 속마음이나, 예수를 오해하는 제자들의 속마음을 들여다볼 때다. 그러나 여기서 우리는 혼자 속으로 말하는 이 여인의 눈을 통해 가슴 저미는 마음으로 예수를 바라본다. 이 여인은 "내가 그의 옷에 손을 대기만 하여도 나을 터인데" 하고 생각한다(참고로 마태복음 9장 21절은 이렇게 전한다. "그 여자는 속으로 말하기를 '내가 그의 옷에 손을 대기만 하여도 나을 텐데!' 했던 것이다").

이 순간에 우리가 이 여인의 눈을 통해 보는 예수는 어떤 이이신가? 돈도 다 떨어지고 의사도 포기한 절망 속에서 고침받으려는 마지막 희망을 품고, 마지막 수단으로 이 여인이 붙잡는 그 예수를 본다. 그러나 우리는 예수의 능력을 부여잡는 여인의 믿음과 동시에 이 여인의 두려움도 본다. 고름을 흘리는 남자처럼, 월경 중인 여자도 부정(uncleanness)하므로 성전에 들어갈 수 없다(레위기 15장 참조). 부정은 죄가 아니었다. 그게 피할 수 없는 일이더라도, 그런 사람은 남자든 여자든 성전에 들어가는 것이 허락되지 않았다. 이 여인의 만성 질환은 곧 여인이 지난 12년 동안 성전 예배에 참여할 수 없었다는 의미다. 피를 흘리는 여자와 접촉하면 더러움이 옮을 것이다. 그래서 이 여인은 예수께 도움을 청하려 하지 않고 예수 뒤로 다가가서 몰래 그분의 옷을 만지려고 한다. 불임일 가능성이 높았고 성전 예배에 참여할 수 없는 수치를 안고 12년을 살아온 이 여인은 그렇게 예수께 다가가면서 군중 속에서 눈에 띄지 않기를 바랐다.

절박한 심정으로 위험을 무릅쓰고 모험을 감행한 이 여인은 보상

받았다. "그래서 곧 출혈의 근원이 마르니, 그 여자는 몸이 나은 것을 느꼈다"(막 5:29). 이 여인이 피가 더 이상 흐르지 않는 걸 느낀 바로 그 순간, "예수께서는 곧 자기에게서 능력이 나간 것을 몸으로 느끼시고, 무리 가운데서 돌아서서 '누가 내 옷에 손을 대었느냐?' 하고 물으셨다"(30절). 제자들은 예수께서 이상한 질문을 하신다고 말한다. "무리가 선생님을 에워싸고 떠밀고 있는데, 누가 손을 대었느냐고 물으십니까?"(31절) 그러나 예수께서는 누가 그렇게 했는지 둘러보신다. 사건의 이러한 전환은 그 여인이 계획한 바가 아니었다. 마가는 이렇게 기록한다. "그 여자는 자기에게 일어난 일을 알므로, 두려워하여 떨면서, 예수께로 나아와 엎드려서 사실대로 다 말하였다"(33절). 이 여인의 처지로 보건대, 여인은 예수를 만졌다고 꾸지람을 받을까 틀림없이 두려워하고 있다. 그러나 예수께서는 여인을 정죄하지 않으시고 오히려 인정해 주신다. "딸아, 네 믿음이 너를 구원하였다. 안심하고 가거라. 그리고 이 병에서 벗어나서 건강하여라"(34절).

복음서의 첫 유대인 독자들은 성전에 들어갈 수 없는 부정한 여자를 이 이야기의 핵심으로 읽었을 것이다. 오늘 우리 눈에는 이런 식의 태도가 이상해 보일 것이다. 그런데 예수께서는 혈루증 앓는 여인을 이처럼 받아들이셔서 그분이 여성의 육체성을 부끄러워하지 않으신다는 사실을 보여 주신다. 자연스러운 일인 월경조차도 사람을 기진맥진하게 만들 수 있다. 많은 여성에게 생리는 육체의 불편과 정서의 고통을 수반한다. 그 고통 때문에 쇠약해지는 여성도 있다. 이 글을 읽는 당신이 남자인지 여자인지, 지금 여기서 마음이

편한지 불편한지 나는 모르겠다. 이 글을 읽고 있는 당신이 여성이고 매달 출혈을 두려워할 수도 있다. 불임으로 상심해 있고, 생리할 때마다 당신의 자궁에 아기가 없다는 사실이 (피를 쏟았고, 그 피가 태어날 새 생명의 죽음을 알린 그날이) 불쑥불쑥 되살아날 수도 있다. 아니면 완경기에 접어들었다는 사실에 마음이 울적하거나 월경이 끝난다는 사실에 감정이 복잡할 수도 있다. 월경통을 그리 심하게 앓지 않는다고 해서, 당신이 매달 흘리는 피를 대수롭지 않게 여길 것 같지는 않다. 대부분의 여성에게 월경통은 한 여자가 들판을 슬로 모션으로 뛰어가는 장면으로 마케터가 우리를 현혹하는 동안 화면 하단에 빠르게 지나가는 광고 면책 조항처럼 여성성에 수반되는 부작용처럼 느껴질 것이다.

그러나 예수께서는 물러서지 않으신다. 대신 12년 동안 피 흘린 이 여인을 믿음이 충만한 딸로 환대하신다. 예수께서는 이 여인에게 평화를 주신다. 놀랍게도 이 여인은 모든 복음서에서 예수께서 "딸"이라고 부르는 유일한 인물이다(마 9:22; 막 5:34; 눅 8:48). 감히 자기에게 직접 나아오지 못하고 몰래 자기 옷자락에 손을 댄 이 여인을, 예수께서 친히 알아보신다. 여인은 이제 그분의 딸이다. 그러니 이 여인은 그분을 만질 권리가 당연히 있다.

이 이야기는 여성들이 가장 숨기려고 애쓰는 여성성의 한 측면이 우리 구주에게는 전혀 역겨운 게 아니라고 수 세기 전부터 우리에게 소곤소곤 이야기해 주고 있다. 그분은 당신의 형상을 가진 새 생명의 집이 되어 주지 않을 때는 다달이 피 흘리는 자궁을 가진 여자로 나를 만드셨다. 여성 육체의 현실 때문에 우리 여성들이 느끼는 수치심은 예수의 말씀에 녹아 없어져야 한다. 우리의 머리털까지 세신 이는 우리 몸에 있는 한 방울의 피까지도 아신다. 예수께서는 이 여인을 모욕하지 않으시고 오히려 인정하신다. 12년 동안 성전에 나아가지 못한 이 여인은 이제 우리가 하나님을 만나는 성전이신 이의 환영을 받는다(요 2:18-22). 우리의 결핍과 절망과 부끄러움을 들고 예수께 나아간다면 예수께서는 우리를 다정하게 받아 주신다는 사실을 우리는 안다. 예수께서 지금 여기에서 우리를 치유하지 않으실 수도 있다. 그분은 그렇게 하겠다고 약속하지 않으신다. 그러나 우리가 도움이 필요할 때 그분에게 나아가면, 그분은 이 여인의 손길을 받으시고 여인의 행동을 "딸아, 네 믿음이 너를 구원하였다"(막 5:34) 하시면서 인정해 주셨듯이 틀림없이 우리를 돌아보시고 받아 주실 것이다.

이 여인에게 하신 예수의 말씀이 우리에게 해피엔딩으로 다가온다. 그런데 갑자기 우리는 야이로의 이야기에 충격을 받는다. 마가는 예수께서 아직 말씀하고 계실 때 야이로의 집에서 사람들이 와서 이 회당장에게 "따님이 죽었습니다. 이제 선생님을 더 괴롭혀서 무엇하겠습니까?"(35절)라고 말했다고 전한다. 이 충격적인 소식에 멍해진다. 혈루증 앓는 여인은 이제 비난을 피하기 어려워졌다. 이 여인 때문에 예수께서 급히 해야 할 일을 지체하셨다. 이 여인은 예수께서 죽어 가는 아이의 생명을 구하신 다음에 자신의 만성 질환을 치유하시도록 기다려도 되지 않았을까? 그러나 예수께서는 털끝만큼도 후회하지 않으신다. 야이로에게 "두려워하지 말고 믿기만 하여라"(36절) 말씀하시고, 군중을 떠나 베드로, 야고보, 요한만 데리고 야이로의 집으로 가신다.

그들이 야이로의 집에 도착했을 때 많은 사람이 그 소녀를 위해 슬퍼하고 있었다. 그러나 예수께서는 이렇게 말씀하신다. "어찌하여 떠들며 울고 있느냐? 그 아이는 죽은 것이 아니라 자고 있다"(38, 39절). 야이로와 혈루증 앓는 여인과 달리, 이 사람들은 예수께 모든 것을 맡기는 믿음이 없다. 오히려 그들은 예수를 비웃는다. 예수께서는 비웃는 그들을 다 보내신다. 그리고 아이의 부모와 베드로, 야고보, 요한을 데리고 소녀가 죽어 있는 방으로 가신다. 마가가 그리는 장면에서 친밀감이 느껴진다. 예수께서는 이 가족의 슬픔 속으로 들어가시면서 군중을 따돌리셨다. 우리는 여기서 흔치 않게 아람어를 듣는다. 당시에 사람들이 모국어처럼 쓰던 말이다. 예수께서는 소녀의 손을 잡고 "달리다굼" 하셨다. "소녀야, 내가 네게 말한다. 일어나거라"라는 뜻이다(40, 41절).

누가는 이야기의 시작 부분에서 이 소녀가 열두 살이라고 말한다(눅 8:42). 마가는 이 세부 사실을 이야기 끝에 기록한다(막 5:42). 이 소녀는 혈루증 앓는 여인이 낫기 전까지는 살아 있었다. 혈루증 앓던 여인은 이 병 때문에 몸이 망가져 있었다. 구약 율법대로면, 피 흘리는 여자와 접촉했으므로 예수께서도 부정해지고, 또 시체를 만졌으니 역시 부정해진다. 그러나 막 출산한 어머니가 피투성이 아기를 안는 것을 미루지 않듯이, 예수께서는 우리가 아무리 부정하다 해도 우리와의 접촉을 꺼리지 않으신다. 이제 얼마 지나지 않아 예수께서는 이 소녀를 위해 피 흘리시고, 이 여인을 위해 죽으실 것이다. 하지만 지금은 두 사람을 고치시고 살리신다. 마가는 우리에게 이렇게 말한다. "소녀는 곧 일어나서 걸어 다녔다. 소녀의 나이는 열두 살이었다. 사람들은 크게 놀랐다. 예수께서, 이 일을 아무에게도 알리지 말라고 그들에게 엄하게 명하시고, 소녀에게 먹을 것을 주라고 말씀하셨다"(42, 43절).

이 열두 살 소녀의 눈을 통해 우리는 어떤 예수를 보는가? 우리가 믿는다면 언젠가는 보게 될 이를 본다. 예수께서 우리를 죽음에서 불러내어 그분과 함께하는 영생으로 이끄실 때 우리는 처음으로 그분을 마주 뵙게 될 것이다. 예수께서는 이 소녀의 부모에게 먹을 것을 주라고 말씀하신다. 그러나 그분이 우리의 흩어진 육신을 다시 살리실 때, 그분은 영원히 계속될 잔치의 주인이 되실 것이다. 예수께서는 과시하려고 이 소녀를 죽음에서 생명으로 일으키신 게 아니다. 아끼시기에 그렇게 하신 것이다. 그리고 언젠가 우리 몸이 부서지고 우리 이름이 지워졌을 때, 예수께서는 혈루증 앓는 여인과 죽은 소녀에게 보여 주신 것과 같은 힘과 부드러움으로 우리를 다시 살리실 것이다.

○ 아브라함의 딸

내가 아직 아이일 때 가끔 나를 바라보며 눈물 흘리시던 아버지를

4장 · 치유

기억한다. 왜 그러시는지 그때는 이해하지 못했다. 이제 내게도 두 딸이 있고, 나도 아버지처럼 그런다. 내 딸들은 내게 그만큼 소중한 존재다. 어머니에게 사랑한다는 말을 들을 때마다 당신이 병이 든다면, 아마도 당신은 진즉에 병이 들어서 어떻게 되었을 것이다. '딸'은 아름다운 단어다. 방금 본 것처럼, 예수께서는 야이로의 딸을 고치러 가는 길에 당신의 옷을 만진 피 흘리는 여인을 당신의 딸로 인정하신다. 누가복음에도 여인과 관련된 마지막 치유의 기적에 회당장과 딸을 인정하시는 예수가 등장한다. 그러나 누가복음의 설정은 매우 다르다. 야이로는 예수 앞에 무릎 꿇고 사랑하는 딸을 고쳐 달라고 간청한다. 그러나 누가복음 이야기에서 회당장은 (병마에 시달리는 아브라함의 딸을 돌보아야 마땅한데도) 예수께서 그 여인을 고치시는 걸 보고는 분개한다.

예수께서 안식일에 회당에서 가르치고 계시고, "거기에 열여덟 해 동안이나 병마에 시달리고 있는 여자가 있었[다]"고 누가는 기록한다. "그는 허리가 굽어 있어서, 몸을 조금도 펼 수 없었다"(눅 13:11). 여인의 상태는 '몸을 못 쓰게 하는 병마'에 기인한 것으로 여겨지지만, 이 여인이 귀신 들렸다는 징후는 없다. 이 말은 여인이 이렇게 된 데는 사탄의 책임이 있다는 의미에 더 가깝다. 누가는 우리에게 "예수께서는 이 여자를 보시고, 가까이 불러서 말씀하시기를, '여자야, 너는 병에서 풀려났다' 하시고, 그 여자에게 손을 얹으셨다. 그러자 그 여자는 곧 허리를 펴고, 하나님께 영광을 돌렸다"(눅 13:12, 13)라고 전한다.

혈루증 앓는 여인은 자기 발로 예수께 나아왔다. 그런데 이번에는 예수께서 장애가 있는 이 여인을 가까이 부르신다. 아마도 이 여인은 예수께서 마을에 계시다는 소식을 듣고 치유의 희망을 품고서 왔을 것이다. 아니면 그곳이 이 여인의 고향 마을에 있는 회당일 수도 있고, 평소처럼 하나님에게 예배드리기 위해서 안식일에 거기에 있었을 수도 있다. 우리는 이 여인의 이야기를 전부 알지는 못한다. 그러나 우리는 이 여인의 눈을 통해 자신이 하는 말과 내미는 손으로 우리를 고통에서 풀어내 주실 수 있는 이를 본다. 열여덟 해 동안이나 여인을 괴롭힌 고통의 사슬이 순식간에 끊어졌다. 복음서에서 많은 사람이 예수께 나아와 엎드리는데, 이 여인은 마침내 일어나 하나님에게 영광 돌린다. 그러나 예수께서 이 여인에게 하실 일은 아직 다 끝나지 않았다.

회당장은 이 여인과 더불어 축하하기는커녕 오히려 화를 쏟아 낸다. 그는 사람들에게 이렇게 말한다. "일을 해야 할 날이 엿새가 있으니, 엿새 가운데서 어느 날에든지 와서, 고침을 받으시오. 그러나 안식일에는 그렇게 하지 마시오"(14절). 소름 끼치는 이 반응은 누가복음 6장에서 예수께서 손 마른 사람을 고쳐 주셨을 때 바리새인들이 보인 반응을 떠올리게 한다. 그 치유 역시 안식일에 회당에서 이루어지며, 바리새인들은 예수를 고발할 구실을 찾으려고 안식일에도 그분이 치유하는지 지켜본다. 그리고 예수께서 그 사람을 고쳐 주시자, "그들은 화가 잔뜩 나서, 예수를 어떻게 할까 하고 서로 의논하였다"(눅 6:11). 그 바리새인들은 대놓고 예수를 공격했는데, 회당장은 그렇게 직접 공격하지는 않는다. 대신에 그는 치유받으러 안식일에 온 여인을 은밀히 공격한다. 예수께서 치유를 시작하셨다는 사실에도 아랑곳하지 않는 태도다.

몸을 움직이지 못하는 여인을 18년 만에 똑바로 서게 하신 예수께서는 이제 이 여인을 보호하신다.

> 주님께서 그에게 대답하셨다. "너희 위선자들아, 너희는 저마다 안식일에도 소나 나귀를 외양간에서 풀어내어, 끌고 나가서 물을 먹이지 않느냐? 그렇다면, 아브라함의 딸인 이 여자가 열여덟 해 동안이나 사탄에게 매여 있었으니, 안식일에라도 이 매임을 풀어 주어야 하지 않겠느냐?"(눅 13:15, 16)

"아브라함의 딸"이라는 이 표현은 성경 전체에서 이곳이 유일하다. 누가복음에서 이보다 뒷부분에 예수께서 회개한 세리 삭개오를 가리켜 "이 사람도 아브라함의 자손이다"(눅 19:9)라고 말씀하시는 유사한 표현이 있다. 그런데 이 여인을 아브라함의 **딸**이라 하신 예수의 이 말씀에 우리는 주목해야 한다. 유대인 남자들이 그렇듯이 이 여인은 유대인의 시조 아브라함과 하나님이 맺으신 약속의 상속자다. 하나님에게 영광 돌리는 이 여인의 반응은 회당장의 반응과 날카롭게 대조를 이루며, 이 여인은 아브라함의 진정한 상속자이지만 회당장은 그렇지 않음을 보여 준다. 누가는 회당장처럼 예수를 비난하는 사람들과 이 여인처럼 하나님에게 영광 돌리는 사람들로, 지켜보던 무리를 둘로 나누며 이야기를 끝맺는다. "예수께서 이 말씀을 하시니, 그를 반대하던 사람들은 모두 부끄러워하였고, 무리는 모두 예수께서 하신 모든 영광스러운 일을 두고 기뻐하였다"(눅 13:17). 예수를 바라보는 태도에 중립은 없다. 우리는 그분의 생명의 말씀을 받을 수도 있고, 그분을 대적하여 부끄러움을 당할 수도 있다.

우리는 이 '아브라함의 딸'이 예수와 함께 여행하는 다른 고침받은 여인들과 합류하는지 알 수 없다. 12년 동안 혈루증을 앓던 여인이 딸을 데리고 왔는지도 알 수 없다. 우리는 야이로의 딸이 예수와 함께 가자고 부모에게 간청했는지, 나인 성 과부가 예수를 따라갔는지 알지 못한다. 그렇게들 했을 수도 있고, 마리아와 마르다처럼 제자가 되기로 서명했지만 고향에 머물렀을 수도 있다. 그러나 이 여인들의 눈을 통해 우리는 병든 자에게 치유를, 죽은 자에게 생명을, 버림받은 자에게 환대를, 멸시받는 자에게 영예를 베푸시는 예수를 본다.

치유받은 여인들의 눈을 통해 우리는 그 옷자락만 만져도 온전케 하실 수 있는 이, 그 옷을 자신을 십자가에 못 박은 군인들이 제비뽑아 나누어 갖도록 내어 주신 예수를 본다(눅 23:34; 마 27:35). 우리의 슬픔을 지고 우리의 병을 짊어지러 오신 이, 월경으로 피 흘리는 여성보다 고통스럽게 우리를 위해 피 흘리신 이, 열두 살 된 딸이 죽은 것보다 철저하게 우리를 위해 죽으신 이, 잔인한 십자가의 무게를 못 이겨 등이 굽으신 이, 그래서 언젠가 우리를 무덤에서 불러내시고 아브라함의 아들과 딸로 우리를 환영하셔서 우리의 굽은 등을 펴게 하실 이를 우리는 본다.

죽어 가는 내 친구는 이제 다가올 고통을 이겨 낼 용기를 달라고 기도하면서 주님 만날 준비를 하고 있다. 친구에게 예수께서 자신을 치유하시리라는 믿음이 부족한 것이 아니다. 그는 그분이 그러실 것이라고 확신한다. 그분이 친구와 친구의 남편을 그들의 무덤에서 불러내서서 그분과 함께 부활의 삶으로 이끄시는 그 언젠가, 그들이 온전해질 것이기 때문이다.

◆◆◆ 토론 질문 ◆◆◆

○ 첫걸음

감기에 걸렸을 때 당신의 집안에 내려오는 가장 좋은 가정 요법에는
어떤 것이 있습니까?

1 이 장에 나오는 여인들은 왜 치유가 필요했습니까? 사람들은 이러한 치유
   에 어떻게 반응했습니까?

2 나인 성 과부를 불쌍히 여기시는 예수의 마음은 구약에 나오는 주님의 마
   음을 어떻게 반영합니까?

3 예수의 병 고치심이 가리키는 다가올 큰 일은 무엇입니까?

4장 · 치유

4 이 장에 나오는 치유 이야기들은 예수께서 이사야 53장 4, 5절을 성취하시는 것을 어떻게 보여 주고 있습니까?

5 과부의 죽은 아들, 혈루증 앓는 여인, 야이로의 죽은 딸은 모두 성전 예식에 참여할 수 없는 부정한 사람들이었습니다. 그러나 예수께서 그들을 만지셨다고 그분이 더럽혀지는 것이 아닙니다. 오히려 예수께서 그들을 만지심으로 그들은 깨끗해졌습니다. 이러한 역학은 우리를 죄에서 구원하시는 예수와 어떻게 연결됩니까?

6 당신이나 당신이 아는 사람은 언제 치유를 위해 주님에게 기도했습니까? 바라던 그 치유를 목격했습니까?

7 당신은 지금 어느 부분에서 치유를 갈망하고 있습니까? 당신이 원할 때, 원하는 방식으로 치유를 받든 받지 못하든, 이 치유 이야기는 당신에게 어떤 희망을 줄 수 있습니까?

8 이 여인들의 눈을 통해 예수를 볼 때, 어떤 점이 당신에게 가장 의미 있게 다가옵니까?

마가복음 5장 25-34절을 읽으십시오.

1 이 본문이 들려주는 세부 사항을 통해 혈루증 앓는 여인에 대해 무엇을 알 수 있습니까? 이 여인의 지위와 감정 상태에 대해 어떤 추론을 할 수 있습니까?

2 혈루증 앓는 여인이 예수를 만지기 위해 군중 속에 숨은 이유는 무엇입니까? 레위기 15장 19-31절을 참조하십시오.

3 이 여인은 언제 더 이상 피를 흘리지 않게 되었습니까?(29절) 예수께서는 어떻게 대답하셨습니까? 예수께서는 왜 이 여인이 조용히 빠져나가도록 그냥 두지 않으셨습니까?

5장

용서

어젯밤에 나는 〈아델 원 나이트 온리〉(Adele One Night Only) 쇼를 봤다. 이 영국 스타 아델은 로스앤젤레스 그리피스 천문대의 별빛 아래에서 초대받은 다른 스타들과 함께 무대에 섰다. 오프라 윈프리와 친밀하게 나눈 인터뷰가 함께 실린 아델의 이 공연은 전 세계로 퍼져 나갔다. 아델은 "헬로우"(Hello)로 그 공연을 시작했다. 인터뷰에서 오프라도 말했듯이, "헬로우" 뮤직비디오는 30억 회의 시청 기록을 세웠다. 이 노래는 깨져 버린 사랑에 아파하는 여자의 슬픔을 담고 있다. 여자는 사랑하는 사람의 마음을 아프게 해서 미안하다고 말하려고 천 번이나 전화했다. 남자는 떠나갔지만, 여자는 후회 속에 갇혀 있다. 용서와 잃어버린 사랑을 향한 그리움, 잠겨 버린 문이 다시 열리기를 바라는 그리움의 노래다. 아마도 우리 모두 이런 아품을 느낀 적이 있을 것이다. 아마도 우리 모두 용서를, 그리고 끝나 버린 사랑을 갈망했을 것이다.

이 장에서 우리는 다시 돌아와 환영받기에는 너무 멀리 가 버렸 다고 체념할 것 같은 여인들이 받은 용서 이야기 둘을 탐구할 것이 다. 우리는 예수께서 부도덕한 쓰레기로 손가락질당하는 여인들을 어떻게 대하시는지, 그 여인들을 정죄하는 남자들의 도덕적 실패를 폭로하기 위해 오히려 그 여인들을 어떻게 본으로 삼으시는지 볼 것이 다. 우리는 예수께서 창녀들을 하나님 나라로 맞아들이시는 걸, 그리고 천국 문지기로 자처하던 사람들이 그 광경을 공포에 질려 지 켜보는 걸 보게 될 것이다. 우리는 예수께서 베푸시는 급진적인 용 서를, 심지어 자기 앞에 끌려온 사람들에게도 베푸시는 그 용서를 엿볼 것이며, 그분과 함께하는 영원한 사랑에 이르는 문이 활짝 열 려 있는 걸(우리가 그분에게 나아오기만 하면 된다는 걸) 보게 될 것이다.

○ 그 나라에서 환대받는 창녀들

지난여름, 나는 아이들과 함께 해변에 가기 위해 운전하고 있었다. 교통 체증으로 멈춰 있을 때, 우리 앞에서 이 차에서 저 차로 옮겨 다니는 한 여성을 발견했다. 그 여성은 분명히 가난했지만, 여느 노 숙자들처럼 사람들이 오가는 대로변 신호등에서 구걸하지 않았다. 그 여성이 자동차들 사이를 오가면서 추는 야릇하고 흥겨운 춤이 무엇을 의미하는지 알아차리는 데는 그리 긴 시간이 걸리지 않았다. 나는 그의 목표가 아니었지만, 내 마음은 그 여성으로 향했다. 나는 그의 삶이 어떻게 그를 지금 이곳에 이르게 했는지 궁금했고, 하나님이 그 여성이 이전에 결코 알지 못하던 사랑으로 그에게 다가가시기를 간구했다. 그 여성은 분명히 몸값을 낼 남자가 자기를 차에 태우기를 바랐다. 그러나 나는 그 대신에 그와 같은 여자를 위해 목숨을 바치러 온 남자에게 그가 선택되기를 바랐다. 알다시피, 예수께서는 창녀를 환대하셨다. 그 당시나 우리 시대의 다른 남자들과 달리, 사창굴을 뒤져 동생을 찾아내 집으로 데려가는 사랑하는 오라버니처럼, 그렇게 그들을 대하셨다.

가구를 재배치할 권리가 있는 집, 거기가 바로 내 집이라는 말이 있다. 예수께서는 열두 살 때 성전을 "내 아버지의 집"이라고 주장하셨다(눅 2:49). 우리는 성인이 되어 성전에 들어가서서 가구를 극적으로 재배치하시는 예수를 본다. 마태는 그분이 "성전 뜰에서 팔고 사고 하는 사람들을 다 내쫓으시고, 돈을 바꾸어 주는 사람들의 상과 비둘기를 파는 사람들의 의자를 둘러 엎으[셨다]"(마 21:12)고 전한다. 이러한 재배치에 대제사장들과 서기관들이 분노한다. 그들은 예수께 묻는다. "당신은 무슨 권한으로 이런 일을 하시오? 누가 당신에게 이런 권한을 주었소?"(마 21:23) 자주 그러시듯이, 이번에도 예수께서는 즉답하지 않으신다. 먼저 그들에게 세례 요한을 어떻게 생각하느냐고 되물으신다. 세례 요한이 유명 인사이니 그들이 이 질문에 쉽게 답을 내놓지 못할 것임을 예수께서는 아신 것이다. 이렇게 질문하신 다음에 예수께서는 그들이 자기네 형편을 직시할 수 있도록 이야기 하나를 들려주신다.

> 너희는 어떻게 생각하느냐? 어떤 사람에게 아들이 둘 있는데, 아버지가 맏아들에게 가서 "얘야, 너 오늘 포도원에 가서 일해라" 하고 말하였다. 그런데 맏아들은 대답하기를 "싫습니다" 하고 말하였다. 그러나 그 뒤에 그는 뉘우치고 일하러 갔다. 아버지는 둘째 아들에게 가서, 같은 말을 하였다. 그는 대답하기를, "예, 가겠습니다, 아버지" 하고서는, 가지 않았다. 그런데 이 둘 가운데서 누가 아버지의 뜻을 행하였느냐?(마 21:28-31)

대제사장들과 장로들이 "맏아들"이라고 대답한다. 그리고 예수께서 그들에게 말씀하신다. "내가 진정으로 너희에게 말한다. 세리와 창녀들이 오히려 너희보다 먼저 하나님의 나라에 들어간다. 요한이 너희에게 와서, 옳은 길을 보여 주었으나, 너희는 그를 믿지 않았다. 그러나 세리와 창녀들은 믿었다. 너희는 그것을 보고도 끝내 뉘우치지 않았으며, 그를 믿지 않았다"(마 21:31, 32).

예수의 말씀은 참담하다. 세리와 창녀는 유대인이 볼 때 죄인의 정점이었다. 반대로 대제사장들과 장로들은 스스로 종교 나무의 꼭대기에 있다고 확신했다. 그러나 예수께서는 그들이 비방하는 바로 그 사람들, 로마에 동조하는 협잡꾼들과 창녀들이 그들보다 먼저 하나님 나라에 들어간다고 대놓고 말씀하신다. 왜? 창녀와 세리는 자신의 죄를 회개하고 있기 때문이다. 사실상 예수께서는 대제사장과 장로가 창녀와 세리를 본받아야 한다고 말씀하신 것이다.

예수의 메시지는 오늘날에도 동일하다. 자동차들 사이를 오가는 그 여자는 회개하고 예수의 나라에 들어갈 수 있지만, 학교 위원회에서 자원봉사하고 교회 장로와 결혼한 가장 존경받는 네 아이의 어머니는 그렇게 하지 않는다. 교도소에 갇혀 있는 범죄자는 회개하고 예수의 나라에 들어갈 수 있지만, 존경받는 경찰서장은 그렇게 하지 않는다. 그 나라에 들어가기를 원하는 사람들이 대답할 질문은 "당신은 죄인입니까?"가 아니라 "회개했습니까?"이다. 예수께서는 그분에게 오는 창녀와 세리에게 거저, 그리고 온전히 용서를 베푸신다. 그들은 그분에게 모여 들었지만, 가장 종교적인 유대인은 대체로 그분에게 가기를 거부하였다.

창녀들을 두고 하신 예수의 말씀은 우리가 이해하기 어려울 정도로 급진적이다. 그분의 동료 유대인들은 창녀를 무슨 일이 있더라도 피해야 할 죄인으로, 하나님 나라에 바로 들어갈 수 있는 사람이 분명히 아니라고 여겼다. 그런데 범위를 더 넓혀 그리스-로마 제국에서 예수의 말씀은 훨씬 더 파괴적이었다. 예수께서는 창녀를 그 자체로 유효한 인간으로 인정하시기 때문이다.

로마에서 "남자들은 길가를 화장실로 사용하는 것보다도 거리낌 없이 노예와 매춘부를 성욕을 채우는 도구로 사용했다."[1] 매춘은

---

1   Tom Holland, *Dominion: How the Christian Revolution Remade the World* (New York: Basic Books, 2019), 99. 「도미니언」, 책과함께 역간.

부도덕한 것이 아니라 남자가 욕정을 푸는 합법적이고 필수적인 배출구로 여겨졌다. 역사가 카일 하퍼(Kyle Harper)가 설명했듯이, 실제로 "그리스-로마 세계의 도덕 경제에서 성(sex) 산업은 필수 영역이었다."[2] 성매매에 쓰는 평균 비용은 빵 한 덩이를 사는 비용과 같았다.[3] 하퍼가 말했듯이, "취약 계층 여성의 잔인한 노출은 대중의 무관심에 매우 견고하게 기초하고 있어서 눈에 띄지 않게 고대의 성적 질서의 토대를 이루고 있었다."[4] 매춘부들이 제공하는 서비스 너머로는 아무도 그들에게 관심을 두지 않았다.

예수의 가르침은 두 가지 구조적 변화를 가져왔다. 첫째, 그분은 매춘부를 포함하여 여성들을 사랑하고 소중히 여기셨다. 둘째, 제국의 규범과 반대로, 그분은 성의 유일한 맥락으로서 충실한 결혼 생활을 옹호하셨다. 이로써 1960년대의 혁명보다 대담한, 그러나 그 반대 방향의 성 혁명이 시작되었다.

현대의 성 혁명은 여성에게 책임지지 않는 성관계(commotment-free sex)의 권리를 제공했다. 이는 많은 남성이 수 세기 동안 당연하게 행사한 권리다. 그러나 로마 제국 내에서 기독교의 부상으로 촉발된 성 혁명은 남성의 성적 자유를 폐기하고, 이전에는 아내에게만 기대되던 충실한 결혼 생활로 남성들을 불러냈다. 이것은 더 이상 여성

---

2   Kyle Harper, *From Shame to Sin: The Christian Transformation of Sexual Morality in Late Antiquity* (Cambridge, MA: Harvard University Press), 3.

3   Harper, *Shame to Sin*, 49.

4   Harper, *Shame to Sin*, 15.

이 남성의 정욕을 푸는 소모성 대상으로 여겨져서는 안 된다는 의미였다. 오히려 성관계는 결혼, 곧 남자와 여자의 영원한, 하나님이 주신, 한 몸을 이루는 결합(마 19:4-6)에만 속하며, 그리스도인 남편은 그리스도께서 교회를 위해 행하신 것과 같은 희생적인 사랑으로 아내를 사랑해야 했다(엡 5:25). 이전에 강압적 성관계의 피해자였을 여성들에게 이러한 변화가 반가운 소식이 될 이유는 자명하다. 그러나 서론에서 보았듯이, 책임지지 않는 성관계를 자유롭게 선택하더라도 여성의 행복과 건강에 상당한 해를 끼친다는 증거가 계속 추가되고 있다. 예수의 성 윤리는 참으로 인간의 번영으로 이어진다. 그러나 예수께서는 혼인 관계 외의 성관계를 모두 죄로 규정하셨지만(막 7:21), 그분을 믿는 가장 악명 높은 성적인 죄인들까지도 환대하셨다.

이 회개한 창녀들의 눈을 통해 우리는 어떤 예수를 보는가? 그들에게서 얻을 수 있는 것이 무엇인지가 아니라 그들에게 베풀 수 있는 것이 무엇인지에 관심을 기울이면서 그들을 환대하신 이를 본다. 그들이 과거에 어떻게 살았는지 속속들이 아시지만 따지지 않으시고, 그들을 그분의 놀라운 미래로 환영하시는 이를 본다. 자신을 인생이라는 쓰레기 더미에 놓인 인간 쇠붙이처럼 느끼는 사람들에게 자석이 되셔서 부서지고 학대받는 그들을 그분의 사랑의 나라로 이끄시는 이를 본다.

○ 죄인으로 낙인찍힌 여자

우리는 누가복음의 놀라운 이야기에서 죄인으로 낙인찍힌 여인들에게 보이신 예수의 태도를 더 깊이 이해할 수 있다. 죄인이라는 오명을 뒤집어쓴 여인과 예수의 만남을 이야기하기 직전에, 누가는 예수께서 자신을 욕하는 나쁜 평판에 대해 어떻게 말씀하시는지 들려준다. 예수께서는 뭘 해도 욕을 먹는다고 말씀하신다. 세례 요한이와서 "빵도 먹지 않고 포도주도 마시지 않으니" 사람들이 그가 귀신이 들렸다고 욕을 했다(눅 7:33). 예수께서 오셔서 "먹기도 하고 마시기도 하니" 사람들이 "보아라, 저 사람은 마구 먹어대는 자요, 포도주를 마시는 자요, 세리와 죄인의 친구다"(34절) 하면서 욕했다. 예수의 평판은 그분이 이런 일을 하시면서 더욱 나빠졌다.

예수께서는 어느 바리새인의 집에 초대받아 그와 함께 식사하셨다. 바리새인들이 얼마나 자주 예수를 대적하는지를 생각하면 이 초대는 정말 놀랄 일이다. 아마도 이 바리새인은 예수께 자신을 구속할 기회를 주고 있는 것 같다. 그런데 매우 당황스러운 일이 일어난다.

> 그 동네에 죄를 지은 한 여자가 있어 예수께서 바리새인의 집에 앉아 계심을 알고 향유 담은 옥합을 가지고 와서 예수의 뒤로 그 발 곁에 서서 울며 눈물로 그 발을 적시고 자기 머리털로 닦고 그 발에 입 맞추고 향유를 부으니(눅 7:37, 38, 개역개정).

보통 특별한 잔치에서 손님들은 기대어 앉았고, 문은 열어 두었다. 초대 손님이 아닌 사람들은 벽 쪽에 둘러앉아 식탁에서 오가는 대화를 듣고 아마도 음식 조각을 얻었을 것이다. 그래서 비공식 손님이 들어오더라도 아무도 주목하지 않았다. 하지만 이 여인의 신분과 행동은 사람들의 시선을 끌었다. 우리는 이 여인이 무슨 죄를 지었는지 속속들이 알지 못한다. 여인은 매춘부일 수도 있다. 다른 어떤 명목으로 '죄인'으로 낙인찍힌 여자일 수도 있다. 어쨌든 우리는 누가의 묘사와 바리새인들의 반응에서 그 여인이 유대인 랍비가 피해야 할 부류의 여성이라는 것을 알 수 있다. 그러나 여기서 여인은 가장 겸손한 자세로 예수께 크나큰 사랑을 보여 주고 있으며, 예수께서는 그렇게 하는 여인을 그대로 두신다.

이 여인의 행동은 우리가 2장에서 탐구한 베다니의 마리아의 행동과 판박이다. 두 여인은 예수께서 식탁에 기대어 앉아 있을 때 옥합에 담은 향유를 그분 몸에 붓는다. 둘 다 머리카락으로 그분의 발을 닦는다. 두 사건 모두 시몬이라는 사람의 집에서 일어난다. 한쪽은 바리새인 시몬이고, 또 한쪽은 나병환자 시몬이다. 누가가 마태, 마가, 요한이 전한 사건과 같은 사건을 전하고 있다고 보는 사람들도 있다. 그러나 '시몬'은 예수 시대에 그 지역에서 가장 흔한 유대인 남자 이름이었고, 두 이야기의 맥락은 매우 다르다.[5] 베다니의 마리

---

5   시몬(Simon)/시므온(Simeon)이라는 이름이 그 시대에 얼마나 유행했는지에 관해서는 다음을 참고하라. Bauckham, *Jesus and the Eyewitnesses*, 85. 「예수와 그 목격자들」.

아와 달리 이 여인은 매우 질이 좋지 않은 죄인으로 묘사된다. 마리아처럼 돈을 낭비했다고 비난을 듣는 정도가 아니라, 이 여인은 그 자체로 유해한 사람으로 취급당한다. 유사점은 누가가 마태, 마가, 요한과 같은 이야기를 하고 있다는 점이 아니라, 두 여인 다 예수께서 가장 큰 사랑을 받을 자격 있는 분임을 알고 있었다는 점이다. 그리고 가룟 유다가 마땅히 보였어야 했던 제자다운 행동을 마리아가 행한 것처럼, 그 동네의 이 익명의 죄 많은 여인은 바리새인 시몬이 마땅히 보였어야 했던 사랑을 보여 준다.

누가는 시몬이 어떻게 반응하는지 우리에게 알려 준다. "예수를 초대한 바리새파 사람이 이것을 보고, 혼자 중얼거렸다. '이 사람이 예언자라면, 자기를 만지는 저 여자가 누구이며, 어떠한 여자인지 알았을 터인데! 그 여자는 죄인인데!'"(39절) 시몬의 관점에서 볼 때, 예수께서는 이 죄 많은 여인과 접촉하는 것이 빠르게 퍼지는 곰팡이 속을 뒹구는 행동만큼이나 그분을 도덕적으로 더럽힐 행동이라는 것을 아셔야 한다. 이 순간에 바리새인 시몬은 우리가 3장에서 만난 사마리아 여인과 대조된다. 사마리아 여인은 문란하게 살아온 자신의 내력을 예수께서 아신다는 것을 알아차렸을 때 예수를 선지자로 인식했다. 시몬은 예수께서 이 죄 많은 여인의 정체를 **모르기** 때문에 그분은 선지자가 **될 수 없다고** 생각한다. 그러나 예수께서는 이 여인이 누구인지 정확히 아셨다. 예수께서는 또한 시몬이 누구인지도 아셨다.

우리는 시몬이 불평을 속삭이듯 중얼거렸는지 아니면 머리로만 생각했는지 알 수 없지만, 예수께서는 어느 쪽이든 그 불평을 들으

　　　　　　　　　　　　　　5장 · 용서

셨다. "시몬아, 네게 할 말이 있다." 이 바리새인은 적어도 존경하는 척하면서 "선생님, 말씀하십시오"(40절)라고 대답한다. 이제 예수께서는 창녀들이 하나님 나라에 먼저 들어간다는 소문을 대제사장들과 장로들에게 퍼뜨리면서 하신 것과 닮은 이야기를 하신다.

> 어떤 돈놀이꾼에게 빚진 사람 둘이 있었는데, 한 사람은 오백 데나리온을 빚지고, 또 한 사람은 오십 데나리온을 빚졌다. 둘이 다 갚을 길이 없으므로, 돈놀이꾼은 둘에게 빚을 없애 주었다. 그러면 그 두 사람 가운데서 누가 그를 더 사랑하겠느냐?(눅 7:41, 42)

오백 데나리온은 약 20개월 치 품삯에 해당하는 어마어마한 빚이다. 오십 데나리온은 약 두 달 치 월급이다. 시몬이 대답한다. "더 많이 빚을 없애 준 사람이라고 생각합니다." 예수께서는 "네 판단이 옳다"고 말씀하신다. 그런 다음 예수께서는 여자 쪽을 돌아보시면서 시몬에게 "너는 이 여자를 보고 있는 거지?" 하고 물으신다(43, 44절).

사실, 예수와 시몬은 둘 다 여인을 보고 있다. 그러나 그들은 그 여인을 매우 다른 시선으로 본다. 시몬은 여인을 예수의 발을 만질 처지가 전혀 못 되는 죄인으로 본다. 그는 그 여인을 불쾌하고 도덕적으로 타락했으며 멸시받아 마땅한 사람으로 본다. 시몬은 그 여인을 리트머스 테스트로 본다. 이 여인이 몸에 손 대는 걸 그대로 놔둔다면 예수는 선지자가 될 수 없다. 그러나 예수께서는 여인을 시몬이 마땅히 했어야 할 일을 하는 사람으로 보신다. 실제로 예수께서는 도덕적으로 존경받는 바리새인과 동네에서 도덕적으로 파산한 그 여인을 하나하나 비교해 나가신다.

> 너는 이 여자를 보고 있는 거지? 내가 네 집에 들어왔을 때에, 너는 내게 발 씻을 물도 주지 않았다. 그러나 이 여자는 눈물로 내 발을 적시고, 자기 머리털로 닦았다. 너는 내게 입을 맞추지 않았으나, 이 여자는 들어와서부터 줄곧 내 발에 입을 맞추었다. 너는 내 머리에 기름을 발라 주지 않았으나, 이 여자는 내 발에 향유를 발랐다. 그러므로 내가 네게 말한다. 이 여자는 그 많은 죄를 용서받았다. 그것은 그가 많이 사랑하였기 때문이다. 용서받는 것이 적은 사람은 적게 사랑한다(눅 7:44-47).

시몬은 예수께서는 이 여자가 몸에 손을 대는 것을 부끄러워해야 하며, 마치 상한 우유를 토하는 사람을 피하듯이 여인에게서 물러나야 한다고 생각한다. 그러나 예수께서는 마땅히 부끄러워해야 할 사람은 시몬이라고 생각하신다. 죄 많은 이 여인은 예수를 위해 시몬이 하지 못한 모든 일을 하고 있다. 왜? 여인은 그분을 사랑하기 때문이다.

이 순간 우리는 이 여인의 눈을 통해 어떤 예수를 보는가? 여인이 받은 용서가 흘러나온 원천이자 이 여인이 사랑을 바친 대상이신 예수를 본다. 지켜보는 무리 앞에서 자신을 바닥까지 낮춘 여인의 사랑을 온전히 받으시는 이를 본다. 여인이 값비싼 향유를 그분 발에 붓고 자기 머리털로 닦을 만큼, 자기가 가진 돈과 자기 존엄을 전부 바쳐도 전혀 아깝지 않은 이를 본다. 예수께서는 이 여인보다 훨씬 높이 계시기에 여인이 그분을 마주 대하면서 자신을 낮춘다는 건 불가능한 일이다. 그러나 우리는 또한 이 여인의 눈을 통해 이 여인이나 우리 같은 죄인들과 기꺼이 함께 서 계시는 예수를 본다. 지금까지 이 책에서 많은 여인의 눈을 통해 보았듯이 예수께서는 권력자들의 비난에 맞서 멸시받는 여인들을 감싸 주신 이시다. 그리고 자기 몸을 굽힌 이 동네의 죄 많은 여인을 일으켜 세우셔서 눈물로 얼룩진 빛나는 사랑의 본으로 삼으심으로, 독선에 빠진 바리새인을 끌어내리시는 예수를 본다. 그러나 예수께는 아직 그 여인에게 하실 일이 남아 있다.

시몬을 책망하신 후에 예수께서는 다시 여인을 향하여 "네 죄가 용서받았다"(48절)고 말씀하신다. 이 발언은 또다시 동요를 불러일으킨다. 누가는 "상에 함께 앉아 있는 사람들이 속으로 수군거리기를 '이 사람이 누구이기에 죄까지도 용서하여 준다는 말인가?' 하였다"(49절)고 전한다. 오직 하나님만이 그렇게 하실 권리를 가지고 계신다. 그러나 예수께서는 여인의 눈물이 그분의 발을 씻은 것처럼 그의 죄가 씻겼다고 여인에게 말씀하신다. 예수께서는 바리새인에게도, 악명 높은 빚진 여인에게도 모두 돈을 빌려준 사람이다. 이 여인의 크나큰 사랑은 예수의 크나큰 용서의 결과다. 바리새인 시몬은 자신이 이 여인보다 하나님에게 갚아야 할 빚이 적다고 생각할지 모른다. 예수께서는 이 문제를 두고 그와 다투지 않으신다. 그러는 대신 예수께서는 이 여인을 통해 용서받은 사람의 모습을 보여 주신다. 예수께서는 여인에게 이렇게 말씀하신다. "네 믿음이 너를 구원하였다. 평안히 가거라"(50절).

용서받은 이 여인이 예수와 함께 여행하는 제자 무리에 합류했는지는 알 수 없다. 그러나 이 이야기를 마친 직후에 누가는 막달라 마리아, 요안나, 수산나와 같은 여인들에 대해 이야기한다(눅 8:1-3). 이 여인들은 예수를 위해 모든 것을 버릴 준비가 되어 있었다. 그들은 고침받고 용서받았으며, 예수께서 어디로 가든지 그분을 따랐다. 예수께서는 누구든지 맞으실 것이다. 그분은 막달라 마리아를 맞아 주셨다. 그분은 막달라 마리아에게서 일곱 귀신을 쫓아내셨다(2절). 그분은 그 동네의 여인을 맞아 주셨다. 손길이 닿는 사람을 도덕적으로 타락시킨다는 낙인찍힌 여인이었다. 그분은 나를 맞아 주시고, 당신도 맞아 주실 것이다. 그러나 하나님에게서 약간의 용서만 필요하다고 생각하는 사람이라면 누구든지 그보다 먼저 들어오는 매춘부와 세리와 죄인들에게 밀려나 하나님 나라에서 쫓겨날 것이다. 왜? 그 동네의 죄 많은 여자와 달리 그들은 예수의 발 앞에 자기 몸을 낮추지 않을 것이니까.

○ 이 이야기가 성경에 있어야 할까?

요한은 다음과 같은 말로 복음서를 끝맺는다. "예수께서 하신 일은 이 밖에도 많이 있어서, 그것을 낱낱이 기록한다면, 이 세상이라도 그 기록한 책들을 다 담아 두기에 부족할 것이라고 생각한다"(요 21:25). 이 장 나머지 부분에서는 요한복음의 원래 부분에서 편집하지 않았을 것으로 보이는 요한복음의 한 본문을 살펴보려 한다. 이 이야기는 요한복음의 나머지 부분과 다른 복음서에서 예수가 여자와 관련하여 보는 것과 완벽하게 일치한다. 이야기 자체를 살펴보기 전에, 원본일 수도 있고 아닐 수도 있는 이와 같은 텍스트가 어떻게 만들어졌을지 잠시 생각해 보려 한다.

성경에서 요한복음 8장을 펴면 "가장 오래된 사본들에는 7장 53절-8장 11절이 없다"라는 주가 달려 있을 것이다. 나처럼 당신도 성경이 하나님 말씀이라고 믿는다면, 이와 같은 설명이 당황스러울 것이다. 반면에 복음서가 예수에 대한 신뢰할 수 있는 증거라는 사실에 회의적이라면, 복음서를 하나님이 그분의 아들에 관해 우리에게 주시는 말씀으로 받아들여서는 안 된다는 증거로 이와 같은 주석을 들이댈 것이다. 본문의 특정 부분이 원본인지 확신할 수 없다면 어떻게 성경이 완전하고 전능하신 하나님의 계시라는 거창한 주장을 할 수 있겠는가? 우리에게는 마태, 마가, 누가, 요한이 기록한 (자필 원고autographs라고 부르는) 1차 물리적 원고가 없다. 우리는 기껏해야 원본의 사본을 가지고 있으며, 많은 경우에 우리의 초기 본은 사본의 사본일 가능성이 높다.[6] 그렇다면 그 과정에서 일부가 추가되

---

6   이 주제에 대한 매우 유익하고 찾아보기 쉬운 토론은 다음을 참고하라. William D. Mounce, *Why I Trust the Bible: Answers to Real Questions and Doubts People Have About the*

거나 빠지거나, 필사자의 목적에 맞게 수정되지 않았는지 어떻게 알 수 있을까?

지난주에는 딸 미란다에게 셰익스피어 시험을 치르게 했다. 나는 매주 화요일에 딸과 딸의 중학교 친구 중 한 명에게 셰익스피어를 가르치고 있다. 그 수업의 일환으로 그들에게 네 편의 소네트와 독백을 외우게 했다. 아이들의 시험지를 채점하다가 나는 미란다의 원고에 있는 소네트 하나에서 작은 실수를 발견했다. 그런 다음 딸의 친구에게서 같은 실수를 발견했다. 나는 내가 그 내용을 잘못 기억하고 있는 건 아닌지 확인하기 위해 그 구절을 찾아보았다. 그러나 아니었다. 그것은 두 아이의 공통된 실수였다. 알고 보니 미란다는 학교에서 친구의 학습을 돕고 있었기 때문에 미란다가 저지른 작은 실수를 딸의 친구가 그대로 물려받은 것이었다. 런던에 있는 가장 친한 친구의 아이들에게 스카이프로 같은 걸 가르쳤다면 그들도 실수했을 수 있다. 따라서 런던의 시험지와 여기 매사추세츠주 케임브리지에 있는 미란다와 그 친구의 시험지를 비교하면 의심스러운 구절을 보게 될 것이다. 샌프란시스코, 시드니, 말라위에 사는 친구들의 아이들에게도 가르쳤더라면 우리는 모든 시험지를 모아서 서로 수정하는 데 사용할 수 있었을 것이다. 각 원고에는 오류가 있을 수 있지만, 독립적으로 작성된 다섯 편의 사본이 같은 오류를 담고 있을 가능성은 거의 없다. 기독교의 급속하고 혼란스러운 확산

Bible (Grand Rapids, MI: Zondervan, 2021), 131-132.

으로 인해 성서 사본에도 같은 일이 일어났다. 리처드 보컴은 이렇게 설명한다. "[예수께서는] 중동에 사셨고 처음 몇 세기 동안 기독교는 그리스와 로마, 프랑스와 스페인뿐만 아니라 이집트, 북아프리카, 에티오피아, 튀르키예, 메디나, 이라크, 페르시아, 인도까지 모든 방향으로 신앙이 퍼져 나갔다."[7] 예수에 관한 좋은 소식이 퍼져 나가면서 그분의 삶에 대한 복음서 기록이 열심히 복사되고 배포되었다. 우리가 각 복음서를 한 부씩만 가지고 있고 그것이 한 부의 한 부의 한 부라는 것을 알았다면, 그 과정에서 어떤 오류가 스며들었는지 알 수 없었을 것이다. 우리는 다양한 지역에서 온 수천 권의 복음서 전체 또는 일부 사본을 보유하고 있으므로 한 곳에서 만든 사본과 다른 곳에서 독립적으로 만든 사본을 비교하고 오류를 식별할 수 있다. 여러 곳에서 온 풍부한 필사본은 오늘날 우리 성경에 있는 대부분의 복음서 본문이 문제되지 않는다는 것을 의미한다. 그러나 일부는 그렇다.

내 딸이 배우고 있던 셰익스피어 소네트의 마지막 두 줄은 이것이다. "사람들이 숨을 쉴 수 있거나 눈을 뜨고 볼 수 있는 한 / 이것이 길이 살아 있는 한 / 이것은 당신에게 생명을 줍니다."[8] 딸은 "사람들이 숨을 쉴 수 **있고** 눈을 뜨고 볼 수 있는 한"이라고 적었다. 복

---

7   Richard Bauckham, *Jesus: A Very Short Introduction* (Oxford: Oxford University Press, 2011), 1. 「예수: 생애와 의미」, 비아 역간.

8   William Shakespeare, "Shall I Compare Thee to a Summer's Day?" Poetry Foundation, accessed February 4, 2022, https://www.poetryfoundation.org/poems/45087/sonnet-18-shall-i-compare-thee-to-a-summers-day.

음서 구절에 대한 대부분의 물음표는 이런 것이다. 본문의 의미에 실질적인 차이를 유발하지 않는 사소한 차이들 말이다. 그러나 원본이 말한 내용을 말하기가 정말 어려운 곳이 몇 군데 있다. 그런 일이 있을 때 현대 성경은 그것에 대해 주석을 달아 놓는다. 우리 성경에서 그러한 주석과 함께 나오는 가장 긴 본문 하나가 간음하다가 붙잡힌 여자 이야기다.

우리가 가지고 있는 가장 오래된 요한복음 사본에는 이 이야기가 들어 있지 않다. 일부 사본은 본문이 다른 위치에 있으며 때때로 누가복음에서 대신 발견된다. 한 가지 설명은 이 이야기가 요한이 쓴 원래 책에는 없었지만, 구전되어 나중에 요한복음에 포함되었다는 것이다. 그리스도인들이 예수에 관해 믿는 어떤 것도 이 텍스트에 좌우되지 않는다. 그러나 예수를 그린 이 그림은 복음서 기자들이 그린 그림과 완전히 일치한다.

○ 간음하다 잡힌 여자

이야기의 시작 부분에서 예수께서는 성전에서 가르치고 계신다. 전날 그분이 큰 소동을 일으켰기 때문에 대제사장들과 바리새인들이 그분을 체포하기 위해 관원들을 보냈다. 그러나 관원들은 예수의 가르침에 이끌려 "그 사람이 말하는 것처럼 말한 사람은, 지금까지 아무도 없었습니다"라고 보고했다(요 7:46). 이것은 바리새인들을 더욱

화나게 부추겼다. 요한복음 3장에 밤에 예수를 방문한 것으로 기록된 니고데모라는 한 유대인 지도자는 큰 성공을 거두지 못한 채 예수를 옹호했다. 그러나 높아진 위험에도 예수께서는 다음 날 아침에 일찍 돌아오셨고 "많은 백성이 그에게로 모여들자 앉아서 그들을 가르치셨다"(요 8:2 참조).

서기관들과 바리새인들이 예수를 잡을 구실을 찾기 위해 간음 중에 잡힌 여자를 끌어다가 가운데 세우고 예수께 질문한다. "선생님, 이 여자가 간음을 하다가, 현장에서 잡혔습니다. 모세는 율법에, 이런 여자들을 돌로 쳐 죽이라고 우리에게 명령하였습니다. 그런데 선생님은 뭐라고 하시겠습니까?"(4, 5절)

현장에 긴장이 고조된다. "간음하지 말라"는 계명은 하나님이 이집트에서 종살이하던 모세에게 자기 백성을 구원하신 후 주신 유명한 십계명 중 일곱째 계명이다(출 20:14). 더군다나 구약 율법에는 남자와 여자가 간음을 범하면 둘 다 사형에 처해야 한다고 명시되어 있다(신 22:22; 레 20:10). 주목할 점은 종교 지도자들이 문제의 그 사람을 데려오지 않았다는 것이다. 그들은 여자를 판단할 때 더 예리한 것 같다. 그러나 그들은 예수를 판단하는 데 가장 열심이다. 요한은 이렇게 설명한다. "그들이 이렇게 말한 것은, 예수를 시험하여 고발할 구실을 찾으려는 속셈이었다"(요 8:6). 예수께서 여인을 내버려 두면 유대 법을 어기는 것이다. 그러나 그 여인을 돌로 쳐야 한다고 단언한다면, 그분은 유대인 백성을 처형할 때 합법적 권위로 자처하던 로마인을 거역할 위험이 있다. 예수께서는 체포를 피할 마음이 없으시다. 그분은 자신이 십자가를 향하고 있음을 아신다. 그렇지만 그분은 사람들을 가르치고 여자를 보호하기 위해 그 기회를 잡으신다.

서기관과 바리새인에게 대답하시기 전에 예수께서는 "몸을 굽혀서, 손가락으로 땅에 무엇인가를 쓰셨다"(6절). 우리는 이것이 무엇을 의미하는지 정확히 모른다. 다양한 이론이 제시되었다. 아마도 예수께서는 땅에 평결을 쓰고 계실 것이다. 아마도 그분은 성막(성전의 전신) 바닥에서 긁어낸 흙을 탄 물을 부정이 의심되는 여인에게 마시게 하여 하나님의 저주를 받거나 혐의를 벗게 했던 구약의 규정(민 5:11-29)을 사람들이 떠올리도록 그렇게 하신 것일 수도 있다. 어쩌면 예수께서는 서기관들과 바리새인들이 그분에게 할 수 있는 모든 일에 대해 그분이 얼마나 두려워하지 않는지를 그들에게 보여 주고 있는 것일 수 있다. 그러나 그들은 계속해서 그분에게 무엇을 해야 하는지 묻는다.

결국 예수께서는 일어나셔서 "너희 가운데서 죄가 없는 사람이 먼저 이 여자에게 돌을 던져라"(요 8:7)라고 말씀하신다. 그런 다음 그분은 다시 땅에 무언가를 쓰기 시작하신다. 서기관들과 바리새인들이 그분의 말을 들었을 때 "나이가 많은 이로부터 시작하여, 하나하나 떠나가고, 마침내 예수만 남았다. 그 여자는 그대로 서 있었다"(9절). 마침내 예수께서 다시 일어서시며 말씀하신다. "여자여, 사람들은 어디에 있느냐? 너를 정죄한 사람이 한 사람도 없느냐?" 여자는 "주님, 한 사람도 없습니다"(10, 11절)라고 대답한다. 예수께서 요한복음에서 누군가를 "여자"라고 부르신 사람은 이 여인이 세 번째다. 첫 번째는 가나 혼인 잔치에서 그분의 어머니였다(요 2:4). 두 번째는 우물가의 사마리아 여인이었다(요 4:21). 경멸의 말이 아니다. 그런 다음 예수께서는 간음 중에 잡혀 굴욕을 당하고 목숨을 잃을까 두려워하는 이 여인에게 말씀하신다. "가서, 이제부터 다시는 죄를 짓지 말아라"(요 8:11).

우리는 이 여인의 눈을 통해 어떤 예수를 보는가? 여인을 판단할 권리가 있지만 대신 그 여인을 놓아주기로 선택한 이를 본다. 여인의 죄를 용서하고 그의 생명을 구한 이를 본다. 여인이 독선적인 종교 지도자들과 다른 부류에 속하지 않고 거기에 서 있는 모든 사람이 성적인 죄를 지었다는 것을 보여 준 이를 본다.

어떤 사람들은 이 이야기가 성적인 죄를 덜어 준다고 생각한다. 그렇지 않다. 예수께서는 간음을 극도로 심각하게 여기셨다. 하지만 행동만 보는 것이 아니라 마음도 보셨다. 마태복음의 유명한 산상수훈에서 예수께서는 이렇게 선언하셨다.

'간음하지 말아라' 하고 말한 것을, 너희는 들었다. 그러나 나는 너희에게 말한다. 여자를 보고 음욕을 품는 사람은 이미 마음으로 그 여자를 범하였다(마 5:27, 28).

예수께서는 간음에 관한 법을 해소하시지 않고 오히려 강화하신다. 예수께서는 성적인 죄는 심장 마비보다 심각하다고 말씀하신다. 그분은 계속하신다.

네 오른 눈이 너로 하여금 죄를 짓게 하거든, 빼서 내버려라. 신체
의 한 부분을 잃는 것이, 온몸이 지옥에 던져지는 것보다 더 낫다.
또 네 오른손이 너로 하여금 죄를 짓게 하거든, 찍어서 내버려라.
신체의 한 부분을 잃는 것이, 온몸이 지옥에 던져지는 것보다 더
낫다(마 5:29, 30).

그러나 예수께서는 간음하다 현장에서 잡힌 여인과 그를 돌로 치
려는 남자들 사이에 구분선을 두지 않고 이 원칙을 적용하여 간음한
여인과 그를 고발한 사람들을 법의 잘못된 편에 두는 구분선을 그리
신다. 예수만이 그 여인을 정죄할 권리가 있지만 대신 용서하신다.

아델의 노래 "헬로우" 영상은 가사와 어우러져 깨져 버린 연애의
이야기를 시각적으로 담아냈다. 그러나 인터뷰에서 아델은 이 노래
가 자신이 죄책감을 극복하고 모든 사람, 특히 자신과 다시 연결되
는 것에 관한 것이라고 말했다. 21세기 서양에서 우리는 죄책감을
버려야 할 건강하지 못한 감정으로 여기고 다른 사람에게 용서를 구
하는 것보다 자신을 용서하는 것이 더 중요하다고 보는 경향이 있
다. 그러나 예수께서는 우리 죄를 축소하지 않으신다. 그분은 우리
에게서 그것을 가져가신다. 오늘 우리는 자신을 용서하고 자신을 사
랑하는 법을 배우라고 이야기한다. 그러나 그것이 우리 초점이라면
예수께서 우리에게 주시는 용서와 사랑을 놓칠 위험이 있다. 용서를
구하기에는 아직 늦지 않았다. 우리는 그분을 수천 번 부를 필요가
없다. 그분은 두 팔 벌려 우리를 환영하신다.

◆◆◆ 토론 질문 ◆◆◆

○ 첫걸음

어린 시절, 당신은 규칙을 따르는 사람이었습니까? 아니면 반항아였습니까? 어릴 때의 일화를 들려주세요.

1   신약 시대 사람들은 매춘부를 어떻게 여겼습니까?

2   베다니의 마리아가 예수께 기름 부어 드린 이야기와 죄인으로 낙인찍힌 여인이 예수께 기름 부어 드린 이야기는 서로 어떤 유사점과 차이점이 있습니까? 이 비교는 어떻게 예수께서 누구인지에 대한 더 완전한 그림을 제공합니까?

3   베드로전서 2장 22절을 읽으십시오. 이 구절에 비추어 볼 때, 예수께서 요한복음 8장 7절에서 "너희 가운데서 죄가 없는 사람이 먼저 이 여자에게

돌을 던져라"라고 하신 말씀이 아이러니한 이유는 무엇입니까?

4 이 장에 나오는 죄인으로 낙인찍힌 여인들에게 예수께서 반응하시는 방식
   에서 어떤 유사점을 발견하였습니까?

5 당신이 생각하는 부도덕하거나 하나님 나라의 범위 밖에 있다고 생각하는
   사람은 누구입니까? 그런 확신에 대해 예수께서는 어떻게 반박하십니까?

6 당신은 자신의 죄를 다른 사람의 죄와 비교하는 경향이 있습니까? 그 비교
   가 당신의 죄가 그리 나쁘지 않다는 잘못된 확신을 주거나 당신이 지은 죄
   의 깊이 때문에 당신을 절망에 빠지게 합니까?

7 이 장에 있는 용서의 이야기는 당신이 당신 자신의 죄에 반응하는 방식에
   어떤 영향을 끼칩니까?

8 이 여인들의 눈을 통해 예수를 볼 때, 그분의 어떤 점이 당신에게 가장 의
   미 있게 다가옵니까?

누가복음 7장 36-50절을 읽으십시오.

1   죄인으로 낙인찍힌 여인이 예수를 어떻게 만지는지 차례대로 열거하십시
    오. 예수께서는 어떤 의외의 반응을 보이셨습니까?

2   죄인으로 낙인찍힌 여인은 어떤 점에서 바리새인 시몬과 대조됩니까? 이
    대조는 예수를 사랑하고 섬기는 의미에 대해 어떤 점을 드러냅니까?

3   예수께서는 이 여인에게 죄를 용서받았다고 말씀하시면서 자신에 대해 어
    떤 주장을 하셨습니까? 마가복음 2장 7절을 참조하십시오.

6장

생명

남편과 함께 마지막으로 본 영화는 〈레드 노티스〉(*Red Notice*)다. 2,000년 전 로마 장군 마르쿠스 안토니우스가 클레오파트라에게 주었다고 추정되는, 세 개의 보석으로 장식된 달걀을 미술품 도둑이 훔치는 우스꽝스럽고 재미있는 액션 영화다. 영화 초반에 주인공 중 한 명(프로레슬러 시절 사용한 링네임 "더 록"[The Rock]으로 잘 알려진 드웨인 존슨[Dwayne Johnson]이 맡았다)이 로마에 있는 한 미술관에 연락해 그곳에서 전시하고 있는 달걀이 얼마 전에 도난당한 것일 수 있다고 경고한다. 박물관장은 그 사람의 말을 믿지 않는다. 사람들이 전시실에 도착했을 때, 그 달걀은 멀쩡해 보였다. 그러나 존슨은 열 감지기를 사용하여 그 달걀이 정상적인 방사선을 방출하지 않는다는 걸 보여 준다. 박물관장은 감지기 오류일 거라고 말한다. 그러자 존슨은

꼬마 아이가 들고 있던 콜라를 그 귀중한 고대 금속 세공품에 붓는다. 그러자 달걀이 녹아 버린다.

예수의 육체의 부활이 없다면, 기독교 신앙은 그 첫 번째 토요일에 예수의 시신처럼 죽은 채로 매장되어 있을 것이다. 어머니 마리아가 처음으로 들은, 예수가 하나님의 영원한 왕이라는 거친 주장도 산산조각 나 버렸을 것이다. 예수께서 부활하지 않았다면, 기독교에는 진리도 희망도 생명도 없다. 바트 어만 같은 일부 학자들은 네 권의 복음서가 전하는 예수의 죽음과 부활에 관한 기록을 검토하면 기독교의 부활 주장은 코카콜라 세례를 받은 달걀처럼 우리 눈앞에서 녹아 버릴 것이라고 주장한다. 그러나 이 장에서 보게 되겠지만, 그 복음서 구절들을 더 자세히 살펴보면 그 반대의 사실을 발견할 수 있다. 가짜라는 증거가 아니라 진짜라는 표시다. 이러한 표시들 가운데 하나는 네 권의 복음서 모두가 여성의 눈을 통해 예수의 죽음과 부활을 보라고 우리를 초대한다는 점이다.

○ 모태에서 무덤으로

내 딸 엘리자가 다섯 살일 때, 하루는 취침 시간에 내 목에 팔을 두르면서 물었다. "엄마, 내가 죽을 때 안아 줄래요?" "그럼, 아가." 나는 대답했다. 다행히 딸이 내 임종을 지킬 가능성이 훨씬 높으니, 하나님에게 감사드릴 뿐이다. 자녀의 죽음을 지켜본다는 것은 끔찍한 일이다. 딸이 먼저 죽어야 한다면, 나는 이 아이를 내 품에 안고 싶어 할 거다. 하지만 딸이 늙어서 죽더라도, 엘리자는 여전히 이미 오래전에 먼저 떠나간 나를 부를지도 모른다. 나는 최근에 노인들이 임종할 때 어머니를 찾으면서 울부짖고 어린아이 같은 위안을 받으려는 욕구로 퇴행한다는 사실을 알게 되었다.

예수께서도 죽음이 목전에 이르렀을 때 어머니를 부르셨다. 그러나 그분은 어머니에게 보살핌을 받으려고 부르신 것이 아니었다. 오히려 그분은 어머니를 보살펴 달라고 외치셨다. 요한은 이렇게 기록한다.

> 예수께서는 자기 어머니와 그 곁에 서 있는 사랑하는 제자를 보시고, 어머니에게 "어머니, 이 사람이 어머니의 아들입니다" 하고 말씀하시고, 그 다음에 제자에게는 "자, 이분이 네 어머니시다" 하고 말씀하셨다. 그때부터 그 제자는 그를 자기 집으로 모셨다(요 19:26, 27).

'예수께서 사랑하신 제자'는 요한이 자신을 지칭하는 표현 방식이다. 우리는 예수의 동생 야고보가 초대 교회의 지도자가 되었다는 사실을 안다. 그러나 예수께서 지상에 사는 동안 그분의 생물학적 형제들은 그분의 사명을 이해하지 못한 것 같다. 아마도 이것이 예수께서 사랑하는 제자에게 어머니를 맡기신 이유일 것이다. 그분은 나인 성 과부를 돌보셨을 때처럼, 자기 어머니를 돌보신다. 마리아는 예수께서 누구신지 가장 먼저 안 사람이다. 그 여인은 어린 예수를 돌보았다. 그러나 마리아는 십자가에 달려 상상할 수 없는 고통을 견디고 있는 아들을 올려다보면서 우리가 눈을 들어 그분을 바라본다면 모두 발견하게 될 것을 발견한다. 바로 예수께서 우리를 진정으로 돌보시는 이라는 사실이다.

○ 십자가 앞에 남은 다른 여성들

1세기 십자가 처형의 의미를 오늘의 우리가 제대로 파악하기란 어려운 일이다. 영국 역사가 톰 홀랜드(Tom Holland)는 그의 2019년 대작 「도미니언」(*Dominion: How the Christian Revolution Remade the World*, 책과함께 역간)에서 우리의 이해를 도와준다. 그것은 "상상할 수 있는 최악의 죽음", 즉 노예들에게 고문과 굴욕을 최대치로 가하기 위해 고안된 형벌이었다. 홀랜드는 이렇게 설명한다. "그들의 치욕이 풍기는 썩은 냄새가 몹시 심해서 많은 사람이 십자가 처형을 보는 것만으로도 더럽혀졌다고 느꼈다."[1] 그런데 신약의 네 복음서는 모두 예수의 죽음을 보겠다고 의도적으로 선택한 여성들을 강조한다.

유대 율법에서는 어떤 사람이 범죄로 기소될 때 두세 명의 증인이 필요했다(신 19:15). 이 원리는 삶의 다른 영역에도 영향을 끼쳤고,

---

1   Holland, *Dominion*, 2. 「도미니언」.

그래서 마태, 마가, 요한은 모두 십자가 처형을 지켜본 세 명의 여성을 특별히 거명한다.[2] 마가는 이렇게 보고한다.

> 여자들도 멀찍이서 지켜보고 있었는데, 그들 가운데는 막달라 출신 마리아도 있고 작은 야고보와 요세의 어머니 마리아도 있고 살로메도 있었다. 이들은 예수가 갈릴리에 계실 때에, 예수를 따라다니며 섬기던 여자들이었다. 그밖에도 예수와 함께 예루살렘에 올라온 여자들이 많이 있었다(막 15:40, 41).

앞으로 살펴보겠지만, 막달라 마리아는 복음서에서 예수의 부활을 증언하는 중심 역할을 한다. 마태, 마가, 요한은 모두 예수께서 십자가에 못 박히실 때에도 막달라 마리아를 거명한다. 마가의 두 번째 증인은 또 다른 마리아인데, 그의 아들 야고보와 요세('요셉'의 변형 철자)는 초기 교회에 잘 알려져 있었을 것이다.[3] 세 번째로, 마가는 살로메라는 여인을 인용한다. '살로메'는 당대 그 지역의 유대인 여성들 사이에서 두 번째로 흔한 이름이었다.[4] 그러나 살로메의 이름

---

2   Bauckham, *Jesus and the Eyewitnesses*, 49. 「예수와 그 목격자들」.

3   이와 마찬가지로, 보컴은 마가가 그의 이야기 앞부분에서 예수의 십자가를 대신 지게 된 사람으로 거명하는 구레네 시몬이 "알렉산더와 루포의 아버지"(막 15:21)로 불린다고 주장한다. 이는 그의 아들들이 초대 교회에서 유명했고 마가가 그들의 아버지가 본 것에 관한 그들의 증언에 호소하고 있기 때문일 것이다. 다음을 참고하라. Bauckham, *Jesus and the Eyewitnesses*, 52. 「예수와 그 목격자들」.

4   Bauckham, *Jesus and the Eyewitnesses*, 85. 「예수와 그 목격자들」.

은 단독으로 등장하는데, 이는 마가의 첫 독자들이 그 여인에 대해 들어봤을 것이며, 예수의 잘 알려진 제자들 가운데 다른 살로메가 없었다는 것을 암시한다.

마태는 같은 두 여인을 마가처럼 첫 번째로 인용한다. 그러나 마태의 세 번째 목격자는 살로메 대신에 "세베대의 아들들의 어머니"이다(마 27:56). 우리가 3장에서 보았듯이, 이 여인은 마태복음에만 독특하게 나타나는데, 그는 십자가 앞에 남아 있음으로써 자신의 두 아들을 예수의 왕국에서 최고 자리에 앉히고자 했던 잘못된 시도를 만회한다. 그의 복음서에서 막달라 마리아, 요안나, 수산나를 소개하면서, 누가는 그들이 예수를 매우 일찍 따른 여인들에 속한다고 했는데, 십자가 처형 장면에서는 단순히 "갈릴리에서부터 예수를 따라다닌 여자들은, 다 멀찍이 서서 이 일을 지켜보았다"라고 말한다(눅 23:49). 이 여인들은 모두 예수를 매우 가까이서 알고 있었다. 이들은 수년간 그분을 따라다녔다. 그분이 도시와 마을을 두루 다니며 하나님 나라를 선포할 때, 이들도 그분과 함께 있었다. 이들은 그분이 치유하고 가르치고 귀신을 쫓아내는 것을 목격했다. 이제 이들은 그분이 십자가에 못 박히시는 것을 목격했다.

요한은 예수의 십자가 처형을 직접 목격했다고 주장하는 유일한 복음서 기자다. 그러나 마태와 마가처럼 그는 또한 마리아라는 이름을 가진 세 명의 여성 증인 모두를 기록한다. "예수의 십자가 곁에는 예수의 어머니와 이모와 글로바의 아내 마리아와 막달라 사람 마리아가 서 있었다"(요 19:25). 요한의 목록에 있는 다른 두 마리아와 달리, 글로바의 아내 마리아는 우리에게 익숙한 이름이 아니다.[5] 초기 기독교 저술들에서는 마리아와 (흔하지 않은 이름인) 글로바라는 부부를 시몬이라는 남자의 부모로 언급한다. 시몬은 초대 교회의 핵심 지도자였다. 글로바는 예수의 양아버지 요셉의 형제였으므로, 요한은 글로바의 아내 마리아를 예수의 이모라고 부른다. 따라서 요한의 첫 번째 청중도 이 마리아를 알고 있었을 것이다.[6]

십자가에 못 박히신 예수를 지켜본 많은 여인(어떤 여인들은 갈릴리에서부터 내내 그분과 함께 있으면서 그분을 섬겼고, 또 어떤 여인들은 그분과 함께 예루살렘까지 올라왔다)의 눈을 통해 우리는 어떤 예수를 보는가? 우리는 그 여인들이 사랑한 이, 상하시고 찢기시고 조롱과 모욕을 당하신 이를 본다. 우리는 그분의 머리 위에 붙은 "유대인의 왕 예수"(마 27:37)라고 적힌 표지판을 본다. 우리는 하나님이 보내신 이, 그들의 모든 믿음이 고정되었던 이가 이제 로마의 십자가에 못 박히시는 것을 본다. 우리는 그들의 눈물을 통해 그분을 본다. 그러나 중요한 것은 이것, 곧 우리가 그분을 본다는 사실이다.

이 책 대부분에서 우리는 여인들의 눈을 통해서 볼 때 예수를 영웅으로 보았다. 우리는 그분을 교사요 치료자요 오랫동안 기다려온

5　그리스 원문에는 요한이 언급하는 다른 여인이 "글로바의 마리아"라고만 간단하게 명명되어 있는데, 아마도 "그의 아내"라는 의미일 것이다.

6　리처드 보컴은 여기서 요한이 언급하는 글로바(Clopas)는 누가가 엠마오로 가는 길에 부활하신 예수를 만난 두 제자 중 한 사람으로 거명한 글로바(Cleopas)와 동일 인물이라고 주장한다(눅 24:18). 글로바(Cleopas)는 히브리 이름의 그리스 버전이라는 것이다. 다음을 참고하라. Bauckham, *Gospel Women*, 208-9.

왕으로, 죽은 사람을 무덤에서 불러내고 죄인에게 하나님이 베푸시는 용서를 말씀하시는 이로 보았다. 그러나 여기서 우리는 끔찍한 고통과 극심한 죽음을 겪는 그분을 본다. 우리가 여기서 보는 그분은 로마 권력의 희생자이시다. 지금 여기서 보는 그분은 우주의 주인이 아니라 실패자의 모습을 하고 계시다. 우리가 예수께서 진정 누구신지 알기 위해서는 십자가에 달리신 그분을 바라보아야 한다. 마치 막달라 마리아, 글로바의 아내 마리아, 야고보와 요세의 어머니 마리아, 그분의 어머니 마리아, 그리고 살로메와 세베대의 아들들의 어머니, 그들 모두가 그날 보았듯이 말이다. 그러나 증인으로서 여성의 역할은 여기서 끝나지 않았다. 우리는 그들의 눈을 통해 계속 바라보아야 한다.

○ 예수의 장사에 대한 증인

두 개의 큰 봉우리 사이에 있는 중요하지 않은 산기슭처럼 예수의 매장지를 쉽게 지나칠 수 있다. 그러나 복음서 기자들은 그 무덤의 증언을 기록하는 데 시간을 들인다. 다시 한 번 여러 여인이 거명된다. 네 명의 복음서 기자 모두가 이 시점에서 훨씬 인상적인 증거를 인용하고 있으므로, 이것은 특히 주목할 만하다. 마가는 "그(아리마대 사람 요셉)는 명망 있는 의회 의원이고, 하나님의 나라를 기다리는 사람인데, 이 사람이 대담하게 빌라도에게 가서, 예수의 시신을 내어 달라고 청하였다"(막 15:43)고 말한다. 시신을 넘겨받은 요셉은 "삼베를 사 가지고 와서, 예수의 시신을 내려다가 그 삼베로 싸서, 바위를 깎아서 만든 무덤에 그를 모시고, 무덤 어귀에 돌을 굴려 막아 놓았다"(46절). 요한복음은 이 시점에서 두 번째 남자 증인을 추가한다. 니고데모라는 바리새인 지도자(요 19:39)인데, 그가 어느 날 밤에 예수를 방문한 이야기가 이 복음서 앞부분에 기록되어 있다(요 3:1-15). 이 유력한 남자들의 간증은 예수의 여성 추종자들의 간증보다 훨씬 비중이 컸을 것이다. 그러나 마태, 마가, 누가는 모두 예수께서 묻히실 때 그곳에 있던 여인들을 거명한다. 여인들이 예수의 무덤에 대해 잘 안다는 점이 중요하다. 그렇지 않으면, 그 여인들이 첫 부활절 아침에 그 무덤이 비었다는 것을 알게 되었다는 사실이 설득력을 잃을 것이다.

마가는 "막달라 마리아와 요세의 어머니 마리아는, 어디에 예수의 시신이 안장되는지를 지켜보고 있었다"(막 15:47)고 말한다. 마찬가지로 마태는 예수의 무덤 입구가 바위로 봉인되었을 때 막달라 마리아와 다른 마리아(곧, 야고보와 요셉의 어머니 마리아)가 거기 무덤 맞은편에 앉아 있었다고 말한다(마 27:61). 특히, 마태와 마가는 예수의 장사과 관련하여 십자가 처형 이야기에서 세 번째로 지명된 증인을 생략한다. 아마도 수산나와 세베대의 아들들의 어머니가 그 자리에 없었기 때문일 것이다. 마태는 또한 예수의 무덤을 이중으로 안전하게 감시하려고 경비병을 세웠다고 말한다(62-66절). 다시 말하지만, 누가는 더 일반적이지만 그러함에도 그는 예수의 여성 제자들이 그분의 장사를 지켜보았다는 사실을 우리가 알기를 간절히 원한다. "갈릴리에서부터 예수를 따라다닌 여자들이 뒤따라가서, 그 무덤을 보고, 또 그의 시신이 어떻게 안장되었는지를 살펴보았다"(눅 23:55).

예수께서 묻히셨을 때 그 여인들의 눈을 통해 우리는 어떤 예수를 보는가? 우리는 야이로의 딸, 나인 성 과부의 아들, 마리아와 마르다의 오라비를 살리신 이를 본다. 죽은 사람을 무덤에서 불러낼 수 있으시면서도 무덤에 누워 계신 그분을 본다. 우리는 나사로의 무덤을 가로막은 돌을 치우라고 명령하셨음에도 돌로 가로막은 무덤 안에 계시는 그분을 본다. 마르다에게 "나는 부활이요 생명"이라고 말씀하셨지만 이제 차가운 시신으로 누워 계신 그분을 본다. 그래도 그 여인들은 그분 곁을 굳게 지키고 있다. 문제는 그 일요일 아침에 누가 예수의 무덤으로 돌아왔고, 그들은 정확히 무엇을 보았느냐는 것이다.

○ 부활의 증인들

네 권의 복음서 모두 일요일 첫날 이른 아침에 여인들이 예수의 무덤에 갔다고 말하고 있고, 네 권의 복음서 모두 막달라 마리아가 거기에 있었다고 말한다. 그러나 각 복음서는 조금 다른 명단을 제시한다. 어만은 부활에 관한 설명이 모순된다는 증거로 이처럼 명단이 여럿이라는 점을 제시한다. "무덤에 간 사람이 누구였는가?" 어만은 묻는다.

> 마리아 혼자였나?(요 20:1) 마리아와 다른 마리아인가?(마 28:1) 막
> 달라 마리아, 야고보의 어머니 마리아, 살로메?(막 16:1) 아니면 갈
> 릴리에서 예루살렘까지 예수와 동행한 여자들, 아마도 막달라 마
> 리아, 요안나, 야고보의 어머니 마리아, 그리고 "다른 여자들"?(눅
> 24:1; 23:55 참조)[7]

언뜻 보기에 이러한 불일치는 문제로 보인다. 그러나 보컴은 다
음과 같이 설명한다.

> 명단들 사이의 차이는 [예수의 죽음, 장사, 부활] 사건의 목격 증
> 인 이름을 진지하게 받아들이지 않는 근거로 종종 받아들여졌다.
> 그러나 사실은 그 반대다. 제대로 이해한다면 이러한 차이는 복
> 음서들이 여인들을 증인으로 제시하면서 세심한 **주의**를 기울인
> 다는 사실을 생생하게 보여 준다.[8]

보컴은 복음서 기자들이 혼동했기는커녕 "그들이 증인으로 잘
알고 있던 여인들의 이름을 정확히 밝히려고 세심하게 주의를 기울

---

7   Bart Ehrman, *Jesus Interrupted: Revealing The Hidden Contradictions In The Bible (And Why We Don't Know About Them)* (New York: HarperCollins, 2009), 47.

8   Bauckham, *Jesus and the Eyewitnesses*, 49. 「예수와 그 목격자들」.

6장 · 생명

였다"고 주장한다.[9] 더 나아가, 어만은 요한복음이 막달라 마리아의 이름만 언급하는 것을 관찰하지만, 요한복음이 또한 막달라 마리아가 혼자가 **아니었음**을 분명히 하고 있다는 점을 자신의 요약에서 언급하지 못했다. 막달라 마리아가 베드로와 요한에게 다시 알려 줄 때, 그 여인은 그 무리의 대표자로서 이렇게 말한다. "사람들이 주님을 무덤에서 가져다가 어디 두었는지 우리가 알지 못하겠다 하니" (요 20:2, 개역개정). 서로 다른 이름 목록에 근거한 어만의 비평은 설득력이 없다. 그러나 여인들이 본 것에 대한 각 복음서의 기록 사이의 차이는 어떻게 받아들여야 할까? 어만이 주장하는 것처럼 이것은 그 이야기를 신뢰할 수 없다는 증거일까? 나는 그렇게 생각하지 않는다.

첫 번째 도전은 마가복음이 제기한다. 마가는 여인들이 예수의 무덤에 있는 무거운 돌을 누가 옮길지 궁금해한다고 말한다. 그러나 그들이 도착했을 때 문제가 이미 해결되었음을 알게 된다.

> 그런데 눈을 들어서 보니, 그 돌덩이는 이미 굴려져 있었다. 그 돌은 엄청나게 컸다. 그 여자들은 무덤 안으로 들어가서, 웬 젊은 남자가 흰옷을 입고 오른쪽에 앉아 있는 것을 보고 몹시 놀랐다. 그가 여자들에게 말하였다. "놀라지 마시오. 그대들은 십자가에 못 박히신 나사렛 사람 예수를 찾고 있지만, 그는 살아나셨소. 그는

---

9   Bauckham, *Jesus and the Eyewitnesses*, 51. 「예수와 그 목격자들」.

여기에 계시지 않소. 보시오, 그를 안장했던 곳이오. 그러니 그대
들은 가서, 그의 제자들과 베드로에게 말하기를 그는 그들보다
먼저 갈릴리로 가실 것이니, 그가 그들에게 말씀하신 대로, 그들
은 거기에서 그를 볼 것이라고 하시오." 그들은 뛰쳐나와서, 무덤
에서 도망하였다. 그들은 벌벌 떨며 넋을 잃었던 것이다. 그들은
무서워서, 아무에게도 아무 말도 못하였다(막 16:4-8).

아마도 이것이 마가복음의 원래 결말일 것이다. 현대 성경을 펴
면 "가장 초기 사본 중 일부는 16장 9-20절을 포함하지 않는다"라는
주석이 달린 추가 구절을 찾을 수 있다. 깔끔하게 묶인 활로 남겨 두
기보다, 기록된 첫 번째 복음서는 오히려 해어진 매듭과 같은 것으
로 끝난다. 그러나 이것으로 부활이 나중에 지어낸 주장이라고 단정
할 수는 없다. 마가복음의 그 흰옷을 입은 놀라운 사람은 나사렛 예
수에 대해 이렇게 말한다. "그는 여기에 계시지 않소." 그리고 여인
들에게 예수께서 말씀하신 대로 다시 그분을 보게 될 것이라고 약속
한다(6, 7절).

여인들의 반응은 어떻게 이해해야 할까? 다른 복음서 기자들과
달리, 마가는 그 여인들이 "무서워서, 아무에게도 아무 말도 못하였
다"(8절)고 말한다. 그러나 마가가 하려는 말은 여인들이 아무에게도
말하지 않았다는 것이 아니다. 말하자면, 이 장면이 마가의 복음서
에 포함될 수 없었다는 것을 의미할 수는 없다! 실제로, 마가복음의
이 결말 자체가 여인들이 지시받은 대로 베드로에게 **정말** 말했다는

증거이고, 마가가 쓴 복음서에 그 여인들의 증언이 포함되었다는 것을 베드로가 확인했다는 증거다. 보컴은 마가가 그 여인들이 "아무에게도 아무 말도 못하였다"고 말했을 때, 이는 그들이 예수의 사도들에게 말하라는 천사의 지시를 따르지 않았다는 것을 의미하는 것이 아니라, 그들이 일반 사람들에게 소식을 전하지 않았다는 것을 의미한다고 주장한다. 게다가 보컴은 마가가 그 여인들을 비겁한 사람으로 묘사한 것이 아니라 이 특별한 소식에 정확히 올바른 반응을 보인 사람들로 묘사하고 있다고 제안한다.[10]

예수 부활의 현실은 참으로 두려운 것이다. 우리는 부활이라는 개념에 이미 익숙하기 때문에 대수롭지 않지만, 예수의 빈 무덤을 발견하고 그분이 죽은 자 가운데서 살아나셨다는 말을 들은 여인들은 그 자리에 선 채로 떨고 있어야 했다. 마치 예수께서 말씀으로 폭풍을 잠잠하게 하시고 제자들이 "큰 두려움에 사로잡혀서" 서로 "이분이 누구이시냐"고 물었을 때처럼 말이다. "바람과 바다까지도 그에게 복종하는가?"(막 4:41) 부활은 예수께서 죽음을 정복하셨고, 그분이 하나님의 영원하고 우주적이며 모든 것을 이기는 왕이심을 증명한다. 그 여인들이 두려워하는 것은 당연하다!

여자들이 보고 들은 것이 복음서에 다양하게 기록된 이 차이는 어떻게 이해해야 할까? 누가의 본문은 마가의 본문과 유사하다. 그러나 흰옷 입은 남자 한 명이 아니라, 누가는 그 여인들이 "눈부신

---

10 Bauckham, *Gospel Women*, 290.

옷을 입고 있는 두 남자"를 보았다고, 그들이 예수께서 약속하신 대로 살아나셨다고 전했다(눅 24:1-7)고 우리에게 이야기한다. 한 사람이 아니라 두 사람이 있었다고 말하는 누가는 마가와 모순되는 것일까? 아니다. 마가는 그분의 부활 이야기에서 여인들에게 말하는 한 남자에게 우리의 관심을 집중시킨다. 마치 요한이 무리 가운데 분명히 다른 여자들이 있음에도 막달라 마리아에게 우리의 관심을 집중시키는 것과 같다.[11] 오늘날 우리도 비슷한 방식을 취할 때가 있다. 나는 최근에 가장 친한 친구 레이첼과 내가 교회 건물에서 팟캐스트를 녹음할 수 있는지 물어보기 위해 우리 목사님인 커티스에게 이메일을 보냈다. 커티스는 나와 레이첼을 잘 알고 있다. 그는 "물론이죠!"라고 말했다. 그날 오후 늦게 그를 만났을 때 그는 팟캐스트에 대해 물었고, 레이첼과 내가 그날 시내에 있던 팟캐스트 진행자와 직접 인터뷰를 했다는 사실에 놀랐다. 나는 이메일에서 진행자를 언급하지 않았다. 그 진행자의 존재가 녹음이 진행되는 전체 이유였지만 그 세부 사항이 내 요청과 관련 없었기 때문이다. 마찬가지로 복음서 기자들은 종종 요점에 중요하지 않은 인물을 생략하여 장면을 단순화한다.

복음서 기자들은 또한 예수의 삶, 죽음, 부활을 읽는 데 각각 1.5-2.5시간이 걸리는 책으로 압축하면서 중요해 보이는 많은 사건을

---

11 마가는 전형적으로 더 압축된 설명을 제시한다. 예를 들어, 예수께서 바디매오라는 맹인을 고치신 이야기를 하면서 마가는 맹인 한 사람만 언급한다(막 10:46-52). 하지만 마태는 두 사람을 언급한다(마 20:29-34).

생략한다. 예를 들어, 마태는 예수의 무덤에 파수꾼을 세우는 일을 기록한 유일한 복음서 기자이며, 여인들이 도착하기 직전에 일어난 일을 다음과 같이 기록한다.

> 안식일이 지나고, 이레의 첫날 동틀 무렵에, 막달라 마리아와 다른 마리아가 무덤을 보러 갔다. 그런데 갑자기 큰 지진이 일어났다. 주님의 한 천사가 하늘에서 내려와 무덤에 다가와서, 그 돌을 굴려 내고, 그 돌 위에 앉았다. 그 천사의 모습은 번개와 같았고, 그의 옷은 눈과 같이 희었다. 지키던 사람들은 천사를 보고 두려워서 떨었고, 죽은 사람처럼 되었다. 천사가 여자들에게 말하였다. "두려워하지 말아라. 나는, 너희가 십자가에 달리신 예수를 찾는 줄 안다. 그는 여기에 계시지 않다. 그가 말씀하신 대로, 그는 살아나셨다. 와서 그가 누워 계시던 곳을 보아라. 그리고 빨리 가서 제자들에게 전하기를, 그는 죽은 사람들 가운데서 살아 나셔서, 그들보다 먼저 갈릴리로 가시니, 그들은 거기서 그를 뵙게 될 것이라고 하여라. 이것이 내가 너희에게 하는 말이다." 여자들은 무서움과 큰 기쁨이 엇갈려서, 급히 무덤을 떠나, 이 소식을 그의 제자들에게 전하려고 달려갔다(마 28:1-8).

마태는 여인들에게 말을 거는 무시무시한 인물을 주님의 천사라고 밝히고 있다. 그러나 이것이 그가 마가의 이야기에 나오는 흰옷을 입은 놀라운 사람에게 날개를 더했다는 것을 의미하지는 않는다.

성경에서 천사는 거의 항상 무서운 존재지만, 날개가 있는 것으로 묘사되는 경우는 거의 없으며 때때로 인간으로 혼동되기도 한다(창 18:2-19:22 참조).

그러나 마가, 누가와는 달리, 마태는 요한처럼 또한 여인들이 예수와 직접 만났다고 보고한다.

> 그런데 갑자기 예수께서 여자들과 마주쳐서 "평안하냐?" 하고 말씀하셨다. 여자들은 다가가서, 그의 발을 붙잡고, 그에게 절을 하였다. 그때에 예수께서 그 여자들에게 말씀하셨다. "무서워하지 말아라. 가서, 나의 형제들에게 갈릴리로 가라고 전하여라. 그러면, 거기에서 그들이 나를 만날 것이다"(마 28:9, 10).

누가가 어떻게 이 만남을 생략할 수 있었는지 궁금할 것이다. 그러나 그는 마태가 언급하지 않은 다른 부활의 모습을 포함한다(눅 24:13-49). 마태, 마가, 누가의 부활 기록을 읽으면서 우리는 복음서 기자마다 자료를 선택하고 요약하고 강조하는 방식에 대해 서로 다른 결정을 내리는 것을 본다. 생각해 보면, 우리도 자주 같은 일을 하고 있다.

12월 초, 우리 집에 소포가 도착했다. 그 속에는 사진집이 들어 있었다. 내 딸 엘리자가 누가 보냈는지 물었다. 나는 "할머니"라고 말했다. 엘리자가 말했다. "할머니가 보낸 게 아니에요. 수잔이라는 사람에게서 온 거예요." "응, 알아. 할머니 친구인 수잔이 책에 있는 사진을 찍어 줬고, 할머니가 수잔에게 책을 사서 할머니 대신 아빠에게 보내 달라고 했어." 엘리자는 어떤 상황인지 금세 이해했다! 할머니가 책을 보냈다는 나의 원래 주장은 일어난 일의 단순화된 버전이었고, 가장 관련 있는 정보로 내가 아는 것을 강조했다. 하지만 사진집을 보낸 사람이 할머니가 아니라 수잔이라는 엘리자의 주장도 사실이었다.

복음서 기자들이 엘리자의 질문에 대답했다면, 마가는 나처럼 "할머니가 사진집을 아빠에게 보냈다"라고 바로 본론을 말했을 것이다. 마태는 "할머니의 친구 수잔이 아빠에게 사진집을 보냈다"라고 더 많이 말했을 수도 있다. 누가는 "할머니는 사진 작가인 친구 수잔에게 돈을 지불하고 사진집을 엄마에게 보내서 엄마가 크리스마스에 아빠를 위해 포장할 수 있도록 했다"라고 더 자세히 설명했을 것이다. 요한은 아마도 이렇게 말했을 것이다. "네 아빠는 사진을 좋아해. 할머니는 아빠를 사랑하셔. 이 선물은 그 사랑을 보여 주는 거야." 귀중한 예술 작품을 다른 각도에서 찍은 사진처럼 각 복음서 기자는 저마다 자신이 접근할 수 있는 목격자의 이야기에서 끌어낸 고유한 관점을 우리에게 제공한다. 요한이 그의 복음서 끝부분에서 설명하듯이, 그의 목표는 철저함을 기하는 것이 아니라 설득력 있게 하는 것이다. "예수께서는 제자들 앞에서 …… 다른 표징도 많이 행하였다. 그런데 여기에 이것이나마 기록한 목적은, 여러분으로 하여금 예수가 그리스도요 하나님의 아들이심을 믿게 하고, 또 그렇게 믿어서 그의 이름으로 생명을 얻게 하려는 것이다"(요 20:30, 31). 그렇다면 요한의 부활 기록은 어떠한가?

복음서에서 자주 그렇듯이 요한은 마태, 마가, 누가와는 다른 태도를 취한다. 우선 요한은 막달라 마리아에게만 우리의 관심을 집중시킨다.

주간의 첫날 이른 새벽에 막달라 사람 마리아가 무덤에 가서 보니, 무덤 어귀를 막은 돌이 이미 옮겨져 있었다. 그래서 그 여자는 시몬 베드로와 예수께서 사랑하시던 그 다른 제자에게 달려가서 말하였다. "누가 주님을 무덤에서 가져갔습니다. 어디에 두었는지 모르겠습니다." 베드로와 그 다른 제자가 나와서, 무덤으로 갔다. 둘이 함께 뛰었는데, 그 다른 제자가 베드로보다 빨리 달려서, 먼저 무덤에 이르렀다. 그런데 그는 몸을 굽혀서 삼베가 놓여 있는 것을 보았으나, 안으로 들어가지는 않았다. 시몬 베드로도 그를 따라왔다. 그가 무덤 안으로 들어가 보니, 삼베가 놓여 있었고, 예수의 머리를 싸맸던 수건은, 그 삼베와 함께 놓여 있지 않고, 한 곳에 따로 개켜 있었다. 그제서야 먼저 무덤에 다다른 그 다른 제자도 들어가서, 보고 믿었다. 아직도 그들은 예수께서 죽은 사람들 가운데서 반드시 살아나야 한다는 성경 말씀을 깨닫지 못하였다. 그래서 제자들은 자기들이 있던 곳으로 다시 돌아갔다(요 20:1-10).

처음에는 요한이 여성의 역할을 축소하고 베드로와 자신에게 관심을 끌고 있다고 생각할 수 있다. 누가는 베드로가 여인들의 보고를 들은 후에 무덤을 방문한 일도 언급했다(눅 24:12). 따라서 베드로의 역할을 부각한 것은 전례 없는 일이 아니다. 그러나 요한복음을 읽을 때 우리는 그가 다른 복음서 기자들보다 막달라 마리아를 훨씬 강조하고 있음을 발견한다.

첫째, 우리는 천사들과 마리아의 만남을 본다. "마리아는 무덤 밖에 서서 울고 있었다. 울다가 몸을 굽혀서 무덤 속을 들여다보니, 흰 옷을 입은 천사 둘이 앉아 있었다. 한 천사는 예수의 시신이 놓여 있던 자리 머리맡에 있었고, 다른 한 천사는 발치에 있었다"(요 20:11, 12). 그러나 요한은 천사들이 여인들에게 전한 소식 대신에 그들이 마리아에게 묻는 질문을 기록한다. "여자여, 왜 우느냐?" 마리아는 "누가 우리 주님을 가져갔습니다. 어디에 두었는지 모르겠습니다"(13절)라고 대답한다. 마리아는 슬퍼하고 당황한다. 자신의 주님이 십자가에 못 박히셨을 뿐만 아니라 그분의 시신도 도난당한 것 같았기 때문에 마리아는 원하는 대로 그분의 몸을 돌볼 수 없다.

이 시점의 막달라 마리아의 눈을 통해 우리는 어떤 예수를 보는가? 그 여인의 눈에 예수께서 안 보이니 우리도 볼 수 없다. 그렇지만 이제 여인은 돌아선다.

이렇게 말하고, 뒤로 돌아섰을 때에, 그 마리아는 예수께서 서 계신 것을 보았지만, 그가 예수이신 줄은 알지 못하였다. 예수께서 마리아에게 말씀하셨다. "여자여, 왜 울고 있느냐? 누구를 찾느냐?" 마리아는 그가 동산지기인 줄 알고 "여보세요, 당신이 그를 옮겨 놓았거든, 어디에다 두었는지를 내게 말해 주세요. 내가 그를 모셔 가겠습니다" 하고 말하였다. 예수께서 "마리아야!" 하고 부르셨다. 마리아가 돌아서서 히브리 말로 "라부니!" 하고 불렀다 (그것은 '선생님!'이라는 뜻이다)(14-16절).

가장 흔한 그 여인의 이름이 들리자 마리아는 눈물 가득한 눈이 뜨이고 부활하신 주님을 본다. 마리아는 요한복음에 나오는 몇 안 되는 아람어 단어 중 하나로 응답한다. "라부니!" 랍비의 변형이다. 마리아는 자신이 제자라는 사실을 알려 주는 말로 부활하신 예수를 환호한다. 사실 이 우는 여자는 부활하신 예수께서 처음으로 자신을 드러내신 제자다.

마태는 막달라 마리아와 다른 마리아가 예수의 발을 잡고 절했다고 기록한다(마 28:9). 따라서 우리는 예수께서 막달라 마리아에게 사명을 주어 보내실 때 그 여인이 그분 발에 매달린 모습을 상상해야 한다.

예수께서 마리아에게 말씀하셨다. "내게 손을 대지 말아라. 내가 아직 아버지께로 올라가지 않았다. 이제 내 형제들에게로 가서

6장 · 생명

이르기를, 내가 나의 아버지 곧 너희의 아버지, 나의 하나님 곧 너희의 하나님께로 올라간다고 말하여라." 막달라 사람 마리아는 제자들에게 가서, 자기가 주님을 보았다는 것과 주님께서 자기에게 이런 말씀을 하셨다는 것을 전하였다(요 20:17, 18).

여성이 침묵해야 할 때가 많은 문화에서 예수는 여성 제자들에게 자신의 부활을 남성 제자들에게 알리도록 위임하신다. 놀랍게도 막달라 마리아는 요한복음에서 처음으로 예수를 "주님"이라고 부른 인물이다.[12] 이 표현은 이스라엘의 언약의 하나님을 지칭하기 위해 세 번 사용되었으며(요 1:23; 12:13, 38), 요한복음의 저자도 두 번 이 용어로 예수를 가리킨다(요 6:23; 11:2). 그러나 지금 이 계시의 순간에 마리아는 다른 제자들에게 "내가 주님을 보았다"고 말한다.

○ 목격자로서의 여성

"보면 믿겠다"라는 말은 남편이 가장 좋아하는 대사 중 하나다. 내 남편은 거듭난 예수의 제자이지만 다른 면에서는 타고난 회의론자다. 브라이언과 마찬가지로 예수 시대의 역사가들은 보는 것에 높은

---

12 이 시점보다 앞서 요한복음에서 복수의 다른 사람들이 예수를 "주"(Lord)라고 말한다(예를 들어, 요 6:68; 8:11; 9:38; 11:3, 12, 21, 27, 32, 39; 13:6, 9, 25, 36, 37; 14:5, 8). 그러나 그분은 "주님"(the Lord)으로 불리지 않는다.

가치를 두었다. 의심할 여지 없이 이 사실을 염두에 두고 복음서 기자들은 반복하여 마지막 장에서 여인들을 '보다'라는 동사의 주어로 만든다. 이 점을 보컴이 다음과 같이 지적한다.

[그 여인들은] 예수께서 죽으신 그 사건들을 "보았고"(마 27:55; 막 15:40; 눅 23:49), 그분이 무덤에 누워 계신 곳을 "보았다"(막 15:47; 눅 23:55). 그 주 첫째 날에 그 무덤을 "보러" 그곳에 갔으며(마 28:1), 그 돌이 치워져 있는 것을 "보았고"(막 16:4), 젊은 남자가 그 오른편에 앉아 있는 것을 "보았으며"(막 16:5), 그리고 그 천사는 그들에게 예수의 몸이 누워 있던 그 빈자리를 "보게" 했다(마 28:6; 막 16:6).

보컴은 "복음서가 목격 중인으로서 그들의 역할에 호소하고 있다는 것이 이보다 명확할 수는 없다"[13]고 결론 내린다. 이에 비추어 볼 때 "내가 주님을 보았다"라는 막달라 마리아의 선언은 두 배로 중요하다. 자신의 이야기를 뒷받침할 사진 자료를 가지고 있는 현대의 저널리스트처럼 그 여인은 사도들뿐 아니라 독자들에게도 예수의 부활의 목격자로 서 있다.

네 권의 복음서 모두 여성을 부활 주장의 핵심 인물로 만든다는 사실은 21세기 독자인 우리에게 호소력이 있다. 그러나 그것은 그리스-로마 세계의 문맹 남성들에게는 정반대의 영향을 끼쳤을 것이

---

13   Bauckham, *Jesus and the Eyewitnesses*, 48. 「예수와 그 목격자들」.

다. 보컴이 설명하듯이, "교육받은 남성들은 여성을 종교적 문제에 속기 쉽고 특히 미신적인 환상과 과도한 종교적 관습에 빠지기 쉽다고 생각했다."[14] 2세기 그리스 철학자 켈수스는 막달라 마리아를 겨냥했을 때 많은 동시대인이 생각했을 것을 다음과 같이 말했다.

> 죽은 후에 [예수가] 다시 살아나서 자기가 받은 형벌의 흔적과 자기 손에 못 박힌 것을 보이셨다. 근데 이걸 누가 봤는가? 당신이 말한 것처럼 히스테리 상태의 여성과 아마도 같은 주술에 속은 다른 여성일 것이다.[15]

켈수스의 관점에서 보면 예수의 이른바 부활을 목격한 막달라 마리아와 눈물 흘리는 다른 여인들은 헛소리였다. 복음서 기자들이 이 야기를 지어냈다면, 그들은 아리마대 요셉과 니고데모를 첫 번째 부활 증인으로 만들 수 있었을 것이다. 두 사람은 존경받는 인물들로 예수의 장사에 참여했다. 여성의 증언을 강조하는 유일한 이유는 그들이 실제로 목격자**이기** 때문일 수 있다.

처음에는 예수의 사도들도 회의적이었다. 누가는 이렇게 전한다. "이 여자들은 막달라 마리아와 요안나와 야고보의 어머니인 마리아이다. 이 여자들과 함께 있던 다른 여자들도, 이 일을 사도들에게 말하였다. 그러나 사도들에게는 이 말이 어처구니없는 말로 들렸

---

14 Bauckham, *Gospel Women*, 270.
15 Origen, *Contra Celsum*, 2:55, Bauckham, *Gospel Women*, 271에서 인용.

으므로, 그들은 여자들의 말을 믿지 않았다"(눅 24:10, 11). 이 여인들은 예수의 사역 기간 내내 예수와 함께 여행했다. 그들은 그분의 남성 제자들에게 신뢰를 받았어야 했다. 그러나 늘 그렇듯이 복음서 기자들은 사도들의 가장 절망적인 실패를 충실히 보존한다. 베드로가 예수를 알지 못한다고 부인한 것부터 도마가 자기 눈으로 직접 보지 않고는 그분이 죽은 자 가운데서 살아나셨다는 것을 믿지 않겠다고 한 것까지(요 20:24-29) 말이다. 다시 말하지만, 복음서 기자들이 마음대로 조작했다면 초대 교회의 주요 지도자에 대한 이 난처한 묘사를 꿈에도 생각하지 않았을 것이다. 그러나 사도들은 구주의 위대한 승리에 빛을 비추면서 자신들의 큰 실수에 대한 이 겸허한 기록을 받아들인 것 같다.

영화 〈레드 노티스〉와 마찬가지로 복음서 이야기는 2,000년 전에 일어난 일에 관한 주장에 의존한다. 〈레드 노티스〉의 전제는 가짜다. 다들 알다시피 마르쿠스 안토니우스는 클레오파트라에게 세 개의 보석으로 장식된 달걀을 주지 않았다. 영화는 시작부터 속편 설정이 끝날 때까지 재미있는 픽션이다. 그러나 예수의 죽음, 장사, 부활에 관한 복음서 기록은 가짜와 정반대다. 사실, 그들은 1세기 작가들이 여러 방법으로 구성했을 대본에 맞지 않는다. 그들은 우리에게 십자가에 못 박힌 메시아를 제시한다. 그분의 부활은 우는 여인들이 처음 보았고, 그 시대와 장소에서 전기가 어떻게 기록되었는지 우리가 이해할수록, 복음서 기자들이 우리에게 삶을 변화시키는, 진정성 있는, 뜻밖의 목격자 증언을 제시하고 있다는 사실이 더욱더

6장 · 생명

확실해진다. 우리는 그것을 믿지 않기로 선택할 수도 있다. 그러나 박물관 장면의 가짜 달걀과는 달리, 예수께서 십자가에 못 박히고 장사되고 사흘 만에 살아난 것을 보았다는 여인들의 주장은 아무리 테스트해도 무너지지 않는다. 그리고 그것이 사실이라면, 어떤 고대 유물보다 훨씬 가치 있다. 그것은 곧 생명 그 자체의 근원이다.

○ 첫걸음

직접 보지 않았다면 도저히 믿을 수 없을 만한 것을 목격한 적이 있습니까? 어떤 것이었습니까?

1 예수께서는 십자가에 달리신 채 죽음을 앞두고 있을 때, 자신의 어머니를 어떻게 돌보십니까?

2 예수의 십자가 처형을 목격한 여인들은 누구입니까? 우리가 그들에 대해 알고 있는 것은 무엇입니까?

3 앞 장에서 당신은 막달라 마리아에 대해 무엇을 알게 되었습니까? 당신이 알게 된 그 사실은 부활하신 그리스도와 이 여인의 상호 작용에 대한 당신의 이해를 어떻게 풍부하게 합니까?

4 당시의 관습에 비추어 볼 때, 예수의 부활을 목격한 증인이 여성이라는 사실이 어색한 이유는 무엇입니까? 여인들이 포함되었다는 사실은 여인들에 대한 예수의 태도가 어떠하셨다는 것을 알려 줍니까?

5 요한복음 10장 27, 28절을 읽으십시오. 이 구절에 비추어 볼 때 부활하신 그리스도와 막달라 마리아의 상호 작용은 어떤 점에서 우리 구원의 그림이 됩니까?

6 당신이 인생에서 절망을 느낀 상황은 어떤 것입니까? 이 여인들의 눈을 통해 당신이 본 그리스도의 죽음, 장사, 부활은 당신이 절망에 빠질 때 어떤 희망을 줄까요?

7 막달라 마리아는 부활하신 그리스도를 보았을 때 그분을 '주님'으로 인정했습니다. 이 여인의 눈을 통해 당신이 보는 부활하신 그리스도는 어떤 이이십니까? 당신은 예수를 주님으로 인정했습니까?

8 이 여인들의 눈을 통해 예수를 볼 때, 그분의 어떤 점이 당신에게 가장 의미 있게 다가옵니까?

요한복음 20장 1-18절을 읽으십시오.

1   이 구절은 마리아가 우는 것을 몇 번 언급합니까? 이 구절은 이 여인의 슬
    픔이 기쁨으로 바뀌는 것을 어떻게 강조합니까? 어떤 점에서 이 전환은 그
    리스도인의 삶을 묘사합니까?

2   부활하신 그리스도를 본 후에 마리아는 "주님을 보았다"고 선언합니다. 9
    절과 16절은 예수를 올바로 볼 수 있는 사람의 능력에 대한 우리의 이해에
    어떤 도움을 줍니까?

3   17절에서 예수께서는 여인들을 예수의 제자이자 신뢰할 수 있는 목격자라
    고 어떻게 인정하십니까?

마리아들의 복음서

나는 이른바 "마리아의 복음"과 함께 이 책을 시작했는데, 이 문서에서 베드로는 마리아에게 주님의 계시를 말해 달라고 청한다. 마리아는 그렇게 하겠다고 대답한다. 이 시점에서 많은 텍스트가 손실되었지만, 남아 있는 부분은 영혼에 대한 난해한 대화를 들려준다. 마리아가 말을 마치자, 안드레가 이렇게 반응한다. "그 여인이 한 말에 관해서 당신도 무슨 말씀을 하실 테지만, 주님이 이런 말씀을 하셨다는 걸 나는 못 믿겠습니다. 이런 강력한 가르침이라니요." 우리는 안드레가 하려는 말의 요지를 안다. 마리아의 계시에 등장하는 예수는 복음서에 나오는 예수와 같은 데가 거의 없다. 안드레의 지적과는 대조적으로 베드로는 마리아가 여성이라는 점에서 반대를 표명한다. "그러하면 주님이 우리 모르게 여자와 사사로이 대화를 나누

섰다는 건가요? 우리가 돌이켜 그 여인의 말에 귀 기울여야 하는 건 가요? 주님이 우리가 아니라 그 여인을 택하셨나요?"[1] 베드로에 관한 이러한 묘사에서 우리는 반여성 편견의 모든 가능성을 본다. 그러나 이 책에서 여기까지 오면서 보았듯이, "마리아의 복음"이 있어야만 이런 여성 편견을 없앨 수 있는 것은 아니다. 이 가상의 베드로의 여성 혐오는 마태복음, 마가복음, 누가복음, 요한복음을 비추면 시들어 버린다.

"마리아의 복음"의 베드로는 예수께서 남자 사도들이 알지 못하는 사이에 여자와 은밀히 말씀하시지 않았을 것이라는 반대를 표명한다. 그러나 우리가 3장에서 보았듯이, 남자 제자들이 다른 곳에 있는 동안에 예수께서는 사마리아 여자와 가장 긴 사적인 대화를 나누셨다. 마리아의 증언에 대해 "마리아의 복음"의 베드로는 "우리가 돌이켜 그 여인의 말을 듣겠느냐"고 불평한다. 그러나 우리가 6장에서 보았듯이, 신약의 네 복음서 모두 막달라 마리아가 사도들에게 예수께서 죽은 자 가운데서 살아나셨다고 전해야 하는 사명을 받았음을 보여 준다. "마리아의 복음"의 베드로는 "그분이 우리가 아니라 그 여인을 선택하셨나?"라고 불평한다. 그러나 마태와 요한은 부활하신 예수께서 막달라 마리아와 만나는 장면을 보여 준다. 특히 요한복음에서는 예수께서 베드로를 먼저 만나셨을 수도 있었음이 분명하다. 그때 베드로는 빈 무덤으로 달려오고 있었다. 그렇지만 예

---

1   Karen L. King, *Gospel of Mary Magdala*, 15-17쪽에 있는 저자 킹의 번역을 인용함.

수께서는 베드로가 아니라 막달라 마리아를 만나는 쪽을 선택하셨고, 그 여인과 다른 여인들이 부활 소식을 베드로와 나머지 사도들에게 전하는 쪽을 선택하셨다. 그렇지만, 막달라 마리아가 받은 계시는 영혼에 관한 신비로운 대화가 아니었다. 그 여인은 부활하신 주님과의 구체적인, 살과 피의 만남을 전했다.

여성의 눈으로 예수를 바라보는 것은 처음에는 본질적으로 현대적인 프로젝트처럼 보일 수 있다. 그러나 예수의 죽음과 부활에 관해서 복음서 저자들이 우리에게 권유하는 것이 바로 그것이다. 그들의 눈을 통해 우리가 보는 것은 대안의 예수가 아니라, 남성과 여성 모두를 제자로 환대하시는 예수, 낮은 곳에서 가장 잘 보이는 진짜 예수다. 자신의 죄와 부끄러움과 절박한 결핍을 안고서 예수의 발 앞에 몸을 던진 여인들은 예수께서 멸시받는 사람들을 어떻게 대하셨는지 보여 준다. 그분에게 배우기 위해 그분 발 곁에 앉은 여인들은 우리가 영원한 생명의 말씀을 가져오시는 우리의 스승을 알아볼 수 있도록 도와준다. 죽은 자 가운데서 살아나신 예수를 처음 보았을 때 그분의 발을 붙잡은 여인들은 오늘날에도 예수께서 하늘과 땅의 주인이심을 우리에게 보여 준다.

여성들의 증언은 복음서 끝부분에만 붙어 있지 않다. 그것은 또한 복음서 안에 씨줄과 날줄로 촘촘하게 짜여 있다. 서론에서 나는 마태, 마가, 누가, 요한에서 여성들이 목격하지 않은 모든 장면을 잘라 내더라도 그 텍스트의 일부만 없어질 것이라 말했다. 그러나 우리의 범위를 더욱 제한하여 마리아라는 여성이 목격한 예수의 삶 가운데 일부만 보유하더라도 잃을 것은 거의 없다! 사실, 우리가 예수의 생애에 관한 성경의 네 가지 기록을 "마리아들의 복음서"(Gospels of the Marys)라고 불러도 합당하다. 네 권의 복음서는 적어도 다섯 명의 증언을 보존하고 있기 때문이다. 예수의 어머니, 막달라 마리아, 베다니의 마리아, 글로바의 아내 마리아, 야고보와 요셉의 어머니 마리아가 바로 그들이다. 그들은 잉태 때부터 부활에 이르기까지 예수를 잘 알고 있었다.

우리 성경에 들어 있는 복음서는 예수께서 사랑하신 여인들의 복음서다. 이 복음서들에는 저마다 여성의 지문이 들어 있다. 마태복음과 누가복음은 예수께서 하나님의 아들이시며 영원한 왕이 되실 것을 처음으로 알게 된 예수의 어머니 마리아의 복음서다. 마태복음은 세베대의 아들들의 어머니의 복음서다. 그 여인은 예수께서 못 박히신 십자가까지 따라갔으며, 거기서 예수께서 많은 사람을 위한 대속물로 자기 목숨을 바치겠다고 하신 말씀을 증명하시는 것을 지켜보았다. 마태복음과 마가복음은 예수의 죽음과 장사와 부활을 목격한 야고보와 요셉의 어머니 마리아와, 겸손한 믿음으로 딸의 병을 낮게 한 이방 여인의 복음서다. 마가복음은 갈릴리에서 초창기부터 예수와 함께했고, 그분이 십자가에 못 박히시고 부활하신 것을 목격한 살로메의 복음서다. 마태복음, 마가복음, 누가복음은 병 고침을 받자마자 예수를 섬긴 베드로 장모의 복음서요, 12년 동안 혈루증을 앓으면서도 "그분 옷자락만 만져도 낫겠다"고 생각한 여인의 복음서요, 예수께서 마치 잠에서 깨운 것처럼 단번에 죽음에서 살리신 열두 살 소녀의 복음서다.

　나는 누가복음(Luke's Gospel)에 독특한 여성 지문이 매우 많이 나와 있어서 내 아들의 이름을 루크(Luke)라고 지었다. 누가복음은 예수의 잉태에 대한 마리아의 증언과 하나님께 드리는 그 여인의 놀라운 찬양의 노래를 우리에게 전하는 복음서일 뿐만 아니라, 배아 상태의 예수를 자기의 주님으로 인정한 엘리사벳의 복음서요, 아기 예수가 이스라엘을 구속하러 오셨다고 예언한 안나의 복음서이기도 하다. 예수를 자기 집에 영접한 베다니의 마르다의 복음서요, 예수의 발 곁에 앉아 그분에게 배운 베다니의 마리아의 복음서다. 헤롯의 궁정을 떠나 빈 무덤까지 예수를 따른, 구사의 아내 요안나의 복음서요, 우리는 잊고 있을지 몰라도 이 복음서의 첫 독자들이라면 다른 소개가 필요하지 않았을 수산나의 복음서다. 무엇보다도, 누가복음은 죄 많은 동네의 여인, 나인 성 과부, 회당의 장애인 여인처럼 예수께서 도우시고 존귀하게 하신 이름 없는 많은 여인의 복음서다.

　요한복음은 다른 자료에서는 알지 못했을 이야기를 들려주는 여러 여인의 복음서다. 생수를 마시고 마을 사람들에게 예수가 그리스도라고 선포한 우물가의 사마리아 여인, 자기 조카가 십자가에 못 박히는 것을 본 글로바의 아내 마리아 같은 여인이 그들이다. 그러나 요한복음은 또한 우리가 다른 복음서에서 만난 일부 여성의 이야기를 이어 가는 복음서이기도 하다. 요한복음에서 베다니의 마르다는 예수께서 부활이요 생명이심을 알게 되고, 베다니의 마리아는 예수의 발에 향유를 부은 여인으로 지명된다. 그리고 슬프게도 요한복음에서 예수의 어머니 마리아는 아들이 물을 포도주로 바꾸는 것을 목격했을 뿐만 아니라 그의 생명이 십자가에서 쏟아지는 것을 지켜보고 있다. 사실, 요한복음에서 우리는 예수께서 십자가에서 이 복음서의 기자와 자신의 어머니 사이에 특별한 유대를 형성하시는 것을 본다. 마지막으로, 요한복음에서 우리는 막달라 마리아가 예수께서 부활하신 후에 가장 먼저 말씀을 건네신 사람인 것을 보는데, 누가복음은 예수께서 그 여인에게서 일곱 귀신을 쫓아내셨다고 전하며, 네 권의 복음서 모두 십자가와 빈 무덤에 그 여인이 있었다고 증언한다.

이 여성들의 눈을 통해 우리가 보는 예수께서는 어떤 분인가? 우리는 그분을 우리 상처를 치유하고 우리 필요를 채우시는 분으로 본다. 우리는 그분을 우리 죄를 짊어지시고 상상할 수 없는 사랑으로 우리를 환대하시는 분으로 본다. 우리는 그분을 다른 모든 사람이 등 돌릴 때도 우리를 바라보시는 분으로, 우리의 보잘것없는 사랑을 그분 발 앞에 쏟아부을 수 있도록 우리를 기꺼이 가르치시고 환대하는 분으로 본다. 우리는 그분을 세상의 구주로 보지만, 또한 우리가 마을에서 가장 흔한 이름으로 대답할지라도 우리 각자의 이름을 아시는 분으로 본다. 팔로 우리의 상한 마음과 육신을 끌어안으시는 분으로, 우리를 온전하게 하실 수 있는 유일한 분으로 그분을 본다. 십자가에서 무서운 하나님의 심판을 당하심으로 우리에게서 얼굴을 돌리시고 우리를 영생으로 부르실 수 있는 분으로 그분을 본다.

나사렛의 마리아는 처음으로 예수에 관해 들은 사람이었다. 마리아는 그분이 태어나시기 전에 그분을 알았다. 막달라 마리아는 그분이 무덤에서 다시 사신 후에 그분을 처음 본 사람이었다. 지금은 "마리아의 복음"으로 불리는 저 2세기 문서에 마리아의 가장 확실한 증언이 기록되어 있다고 주장하는 사람들도 있다. 그러나 진짜, 마리아의 가장 확실한 메시지는 요한복음으로 알려진 1세기 문서를 통해 우리에게 전달된다. 그리고 그 메시지는 바로 이것이다. "내가 주님을 보았다"(요 20:18).

오늘 그 여인의 눈으로 예수를 바라보자. 이보다 아름다운 모습을 한 이는 없다.

◆◆◆ **토론 질문** ◆◆◆

1   이 책을 읽으면서 신약 복음서에 대한 당신의 관점은 어떻게 발전했습니까?

2   당신이 읽은 내용에 비추어 예수를 묘사할 때 다섯 단어를 사용한다면, 어떤 단어들을 사용하겠습니까?

3   여인들의 눈으로 예수를 본 다음에 당신은 자신이 어떤 사람이라는 것을 알게 되었습니까?

4   여기서 얻은 새로운 이해에 비추어 당신은 이제 어떻게 달라지겠습니까?

5   이 목격자들을 통해 예수를 바라보고 나서 이제 당신은 어떻게 예배를 드려야 할 것 같습니까?

결론·마리아들의 복음서

감사의 말

나는 유령 작가를 두지 않았다. 하지만 나에게는 유령 독자가 여러 명 있는데, 이번에 그들을 어둠에서 끌어내어 감사의 말을 전해야 할 것 같다.

2021년 크리스마스 직전에 나는 성향이 매우 다른 두 친구, 크리스틴 케인과 레이첼 길슨에게 첫 초고를 보냈다. 어느 때처럼 내가 책을 쓰고 아무도 본 적이 없는 때였으니, 아마도 상태가 끔찍했을 것이다. 크리스틴은 12월 23일에서 25일 사이에 이 책을 읽고 매우 귀중한 피드백을 문자로 보내 주었다. 레이첼은 다 읽을 때까지 읽고 있다고 말하지도 않았고, 한꺼번에 피드백 전부를 보내며 이런 메모를 전해 주었다. "날 귀찮게 할까 봐 읽고 있다고 말하지 않았어요!" 나는 두 눈을 보태 준 두 사람에게 감사드린다. 그들은 약간 다른 각도에서 보았고, 매우 불완전한 이 책을 원래보다 훨씬 좋게 만들어 주었다.

두 번째 유령 독자들은 줄리아 로젠블룸과 페이지 브룩스다. 줄리아는 자신의 유대인 관점에서 유용한 피드백을 제공했고, 페이지는 성경을 읽는 게 아직은 생소한, 성장하는 그리스도인에게 어떻게 도움이 될지 알려 주었다. 내가 급히 피드백이 필요하다는 걸 안 두 친구는 정말 신기록이라도 세울 듯이 빠른 속도로 그 일을 해치워 주었다. 그들의 시간과 도움에 깊이 감사한다.

나의 세 번째 눈은 내 눈보다 훨씬 전문가였다. 네이선 리들후버와 크리스토퍼 코완은 둘 다 신약 박사 학위를 갖고 있는데, 중요한 수정 사항을 많이 보내 주었다. 나머지 오류는 모두 내 것이지만, 그들의 수고가 없었다면 오류가 훨씬 많았을 것이다!

이반 미사, 조안나 킴브렐, 캐시 왓슨은 이 책의 정식 편집자들이다. 이들이 해낸 신중한 작업 덕분에 다양한 실수를 찾아냈고, 또 여러 가지를 개선할 수 있었다. 이 책과 함께 토론 질문을 작성해 준 그들에게, 그리고 특별히 조안나에게 감사한다.

다시 한 번 맹렬한 속도로 책을 쓸 수 있게 도와준 복음 연합(The Gospel Coalition)의 줄리어스 킴과 콜린 핸슨에게 감사한다. 그리고 내게 사랑과 지원을 아낌없이 퍼 준 남편 브라이언에게, 그리고 내 아이들, 미란다, 엘리자, 루크에게 감사하다는 말을 전한다.

적어도 내게는 책을 쓰는 데 사랑의 마을이 필요하다. 나의 마을에 감사한다.

감사의 말

여인들의 눈으로 본 예수

초판 발행 2023년 12월 20일
지은이 레베카 맥클러플린
옮긴이 김은홍
발행인 손창남
발행처 (주)죠이북스(등록 2022. 12. 27. 제2022-000070호.)
주소 02576 서울시 동대문구 왕산로19바길 33, 1층
전화 (02) 925-0451 (대표 전화)
  (02) 929-3655 (영업팀)
팩스 (02) 923-3016
인쇄소 시난기획
관권소유 ⓒ(주)죠이북스
ISBN 979-11-984942-1-4 (03230)